どうしよう

壇蜜

マガジンハウス

昭和生まれ、女子校育ち。
副業無しで壇蜜として勤めて5年。
人生は〝どうしよう〟の連続だ。

写真　中島慶子（カバー）
壇蜜（本文）
ヘア&メイク　カツヒロ
着付　石山美津江
スタイリング　清野恵里子
撮影協力　日本民藝館
（着物）きものゑん
（帯）中川知子作「山桜」
ブックデザイン　鈴木成一デザイン室

どうしよう／目次

松風

松風

誰かをひたすら待つのはわびしいものだ——

lot#1

恋人を呼び間違えて

メールの誤送信を受けて、恋が終わったことがある。

学生時代、ボーイフレンドとメールでの会話の最中に「今、バイト休憩中。シズカに会いたいな」というメールが来たので、「うん、寂しい」と返信した。するとすぐに「バイト、今日来ないんだね、寂しい。会いたかったな」という謎の文章を受信した。はて、つじつまが合わん……私は彼と違うバイト先だが……と情報の整合性を確認したのはほんのわずかの間、すぐに「ああ、バイト先に好きな子がいるのか」と悟った。ショックで泣いて彼をなじる……なんていうピュアな性格でもなかったが、当時はそれなりに落ち込んだ。その後、彼とは別れることになるのだが、このメールを受け取ったことは忘れられない。

ここに書いているだけでもプチリベンジポルノになるかもしれないと思ったが、私生活の切り売りをして金を稼ぐのも仕事の一つ、汚いと言われても何ともないねと独りごちながらパソコンに入力を続けている。

このようにメールの誤送信は言い逃れできない事態になることが多いが、今回は「名前間違い」について話したい。こちらの間違いのほうがメールより様々な背景を連想してしまうので、余計に厄介である。

恋人の名前を間違えた瞬間、恐ろしいほど二人の雰囲気が険悪になるのは誰もが想像できるであろう。よく冒険モノのアニメや漫画などで村の長老が「あの森に入って無事だった者はおらん、覚悟することじゃ」……という内容の台詞を口にしているのを見かけるが、長老風に言うと「恋人の名前を間違えて無事だった者はおらん、覚悟することじゃ」と変換される。必ずといっていいほど大なり小なり波風は立つ。謝る他に万事うまく丸める「とっさの一言」を考案した人がいるのなら、その言葉は未来永劫語り継がれるであろう……。と、ここでも長老風に述べておきたい。

名前間違いの場合、一番最初に誰もが想像するのが「浮気」であろう。しかも、赤の他人の場合と知っている人の名前が出てくるバージョンによって、抱く不信感も変わってくる。どちらもショックで腹立たしいことに変わりはないが、知人の場合は、今後その人との付き合いも考慮しなくてはならず、厄介極まりない。次に連想されるのが「前の人、忘れられていないんじゃないか」という寂しさ。関係が終わったはずの恋人や配偶者の名前をついうっかり……浮気疑惑とは違うダメージを与えること間違いない。某「約30歳の男女の今に触れたドラマ」のワンシーンで、「元恋人ならセックスフレンドでも仕方ないという風潮」が存在するというくだりがあった。新しい関係性を作られるより腹が立たないというのだ。どっちもどっちだが、「元○○」のほうが問題が根深そうな気がするのは気のせいだろうか。以前の持ち主は永遠に「以前の持ち主」……そう考えると、関係という歴史を重ねていくことは一日にしてならず、ということを改めて実感する。

私が間違えたのは、その時の恋人と「昔好きで久しぶりに連絡をもらった男」だった。突然の連絡に少し浮かれていたのかもしれない。一字違いのその男の名前を恋人とのデート中に発してしまい、当然、私も浮気を連想された。8年ほど前、名前を言った一瞬の出来事なのに、いまだにその時のラブホテル（錦糸町）の部屋番号と転がっていたお茶の空き缶の銘柄まで覚えている。自分で作ったとはいえ、恐ろしい瞬間だった。

当時、私が行ったのは、謝罪をして数ヵ月自分から会うことを絶つことだった。男の一報に浮かれて調子にのって危機管理能力がポンコツだったことに、自分自身がショックだったという身勝手な理由もあったからだ。その後、民放ドラマが1クール終わるほどの時間を経て、恋人に再会し、改めて謝罪、彼は冴えない女をまた側に置いたのだった。たまたま「距離と時間で怒りが和らぐ」タイプの相手で、それなりに私を好きでいてくれたから関係は終わらなかった。名前間違いの場合、相手の取ってほしい距離や時間を見誤ると、更に溝が深まる。結果「しょうがない、また続けるか」と判断できるのは、相手の自分への恋心だけ。卑屈にならず待つよりない。

人生の運びがスムーズで調子がいいときこそ「落とし穴」はすぐそばにある。しかし今回の場合、落とし穴を掘っていたのは、「昔の想いびと」にうつつを抜かした私自身である。

lot#2

酸いも甘いも常識も知らず

「世の中の酸いも甘いも嚙み分けたような雰囲気ですね」……そんな風に存在を解釈され、困ったことがある。

大体酸いも甘いも嚙み分けていたら、今頃は土地持ち左うちわの奥方様（私の考える「酸いも甘いも嚙み分けた女のイメージ」は少し古い）、「グラビア出身ヌードも公開済みタレント」などという、とんでもなく不安定な業種に手を伸ばしてはいないだろうに。「いやぁ、グラビアはいろいろなイメージを読者の方々に与えますからね。実際は地味なものでお恥ずかしい」なんて言ってお茶を濁す。相手は「そんなわけないだろ、この下品女」と思うかもしれないし、「仕事で聞いてるんだから合わせろよ、ノリのわるい奴」と思うかもしれない。「意外と質素なんだな」と毛ほどでも思ってもらえたら幸いなのだが。

世の中のことは、ほとんどと言っていいほど分からない。育ててくれた親には申し訳ないが、世間も常識も知らないほうだと思う。冠婚葬祭の儀式に呼ばれると、めでたいや悔やまれるの前に、「特別ルールを知らない恐怖」に飲み込まれる。お焼香は自分の宗派で定められた回数を行って「アイツ数足りない」と思われないか、「御花料」で統一して香典を出したら、「正式じゃないんですけど」と言われやしないか。……こんなことをしょっちゅう考えては無駄な時間を過ごしている。……もはや酸い甘いを嚙み分ける以前に、「何も知らない」のだ。

そんな物知らずでも、少しだけ他のものより知識があると勝手に思っているジャンルがある。女子校について、だ。小学校3年から大学を卒業するまでずっと女だけの箱庭のような環境で生活をしてきた。嫌われ者で馴染めない時期もあったが、仲間と楽しく過ごした時期もあった。女同士で恋心が芽生えたこともあったし、失恋もした。……女子校においては、「酸いも甘いも」は経験していたほうだと思う。どちらかというと、「酸い」なんて体に良さそうなものではなく、「苦いも甘いも」だと感じているが。

そんな約10年強をこの女だらけの環境で過ごしたせいか、今現在も私の血液内には微量の「百合」成分が入っている。百合という言葉はざっくりしすぎているので詳しく説明すると、「もしフィーリングが合えば、女性同士の友情を越えた深い付き合いも私には可能なのでは……いや可能だ」という感情である。大人になった今では、この気持ちを可能性として提示しても（職業柄もあるが）問題は少ないが、学内に居るときは男の子に興味がなければ「あの子、変」と思われる風潮だった。女子2人で仲良くしすぎていると、噂もされるほど「特定な女同士のつるみすぎ」は異端の目で見られる。無論、男の子にも興味はあった。手帳に好きなアーティストの切りぬきを貼っていたし、アントニオ・バンデラスのブロマイドも所持していた。しかし、特定の女子といる心地よさや楽しさ、憧れに身を任せていたら、いつしか好意に発展している自分もいた。女子校名物疑似恋愛という言葉だけでは片付けられない「何か」は、今も私の心に根を下ろしているのだ。

こんな耽美で閉鎖的な感情があるのは我ながら誇らしいと思う。ちなみに、女同士でも仲良く戯れることが好きな人（やぶさかではない人も含める）はいまだに見極められないが、「女同士？　無理無理絶対無理！」という人は何となく分かる。どんな人かは言わないが。

最近は、生活環境を他者に見せるツールが揃っているなぁとつくづく思う。特に女性はそのツールを生来の器用さで使いこなし、いろいろな情報を得て生活に反映させている。いいこともあるだろうが、その反面、幸せ不幸せについて他人との張り合いありきで考える人、ついつい競争気分になっている人が増えた気がする。秘密にしていたほうがラクだし楽しいであろうことも世の中に封切りしてしまっていては、よそ行きの顔で生きる時間が長くなってしまう。きっと疲れる。

酸いも甘いも……については分からないが、女子校で味わった静かで密やかな苦さとほの甘さは知っているつもりだ。

lot#3

重たい過去のブログ

ブログを始めて、かれこれ7年が経過しようとしている。始めるきっかけとなったのは、とあるゲームのキャラクターモデルを射止めるためだった。書類や面接など審査が進み、最終審査まであと1ヵ月強という時に、主催側から「多くの人に自分を知ってもらい投票してもらうため、候補者は皆ブログを開設するように」というお達しがあった。いわゆる「顔見せ」である。最終審査までの1ヵ月間は一般投票システムとなり、その期間中の毎週金曜日は、「投票ランキング」がゲーム運営側のホームページ内で発表される。その間に自分に投票してもらうには、人となりを知ってもらわなくてはならない。……故に「ただの28歳の学生」だった私には、ブログで日常を綴るしか「公表」する手段が無かったのだった。齋藤支靜加の日常を文章に綴るのは特に難しいことではなかったが、他の候補者と比べて遥かに年上の地味で冴えない部分が浮き彫りとなり、「これやらないほうがよかったんじゃないか」と後悔もした。

そもそも、このような柄にもない負け戦に立ち向かったのも、当時付き合っている男の束縛が厳しく喧嘩になり、半ば腹いせのつもりで応募したのがきっかけである。有名になりたい、キラキラしたい……よりも「見下した男に報復したい」という闇の気持ちが強かった。影の濃い言動がブログにも顕著に出ていたと思う。今思えば、その男に束縛されていなければ壇蜜は生まれていないことになるが……このように身勝手すぎる動機のもと始めたオーディションやらブログやらではあったが、審査をクリアしてゆくと徐々に欲が出てきて、最終審査に受かりたいものだと思うようになった。

投票期間中の毎週金曜日朝10時、ランキングが発表されるのをドキドキしながら携帯を握りしめてチェックした。まさに一喜一憂、自己顕示欲の塊として過ごした日々だった。自信は少しあった。恋愛シミュレーションゲームでも、「ワケあり年上女」はプレイヤーが恋に落ちるキャラクターたちの変わり種として、選択肢にいてもおかしくないと思っていたからだった。

ブログには公表できる限りいろいろなことを書いた。日本舞踊を習っていること、遺体衛生保全士になるための勉強をしていること、猫を飼っていること……。写真をアップし、毎日綴ることを日課とした。その結果、最終審査に受かっても、ゲームの祭典に出席して任務が終わっても、ブログは日課となり続いていくことになる。そんな中、写真以上に自分の「ブログ内でのお馴染み」と設定したのが、「動画のアップ」だった。「お疲れさまです、支静加です」から始まり、「それでは、よい週末を」で締め括る正味1分の動画は、毎週末にアップしていた。あるときは日本舞踊の教室、あるときは誰も乗っていないバスの中、今だから言えるが墓地の入り口で撮影したものもあった。いい天気だったので、ここがベストと思っていたようだ。ブログ読者の方々からの動画に対する反応が良かったのも嬉しかった。そして壇蜜になっても、「お疲れさまです、蜜です」と名前を変えただけで、変わらず週末の動画を掲載していた。

ブログサイトが動画配信機能を停止したのは今から3〜4年前だろうか、この時ばかりは本当に焦った。焦った後に「動画の代わりに手紙を掲載する」というアイデアが生まれて今日に至る。タイトルも「週末のたしなみ」から「週末のおてがみ」にした。……やはり私は焦らないと考えない怠惰な奴だが、今現在はこの形態で落ち着いている。

　こうして振り返ると、ブログには随分と重いものを背負わせてきた。票集めの土壌として、ネット番組で開催した大喜利の答える場所として、自分で書いた小説を評価してもらう場所として、雑誌に載ったことのPRとして……。もはや「ウェブをログするからブログ」という概念に収まらないほどの大きな負荷をかけてきた。今後は、日々のことを中心にあまり壮大なことは描かずに、「ブログとの余生」を共にしたいと考える。

　そんなことを考えている矢先に、「動画掲載機能」が復活したというお知らせを受け取った。現在、これまでの動画とその後に始めた手紙との掲載量がちょうど半分ずつとなってきた。初心をとるか今の落ち着きを取るか悩むところだが、私は字がとても汚いので「字が汚い人は心も汚いって言うけど、それがどうした文句があるなら喰ってやる」の精神は常に表明しておきたい。ブログに難儀をかけたくないと綴った矢先で申し訳ないが、アンチテーゼのためにも私は手紙をブログに掲載する。今週末も、来週末も。

寝過ごす恐怖

1年に数回、忘れた頃にやらかす失態として、いつの時代も上位に君臨するこの事態。風邪を引きそうな予感、イヤなことを頼まれそうな予感はそこそこ察知できるのに、不思議と「寝過ごしそうな予感」だけは察知できない。そこまで研ぎ澄ますことが出来ないから目覚まし時計が売れ、携帯電話のアラーム機能も日々進化するのだろうけど。

しかも、「明日7時に起こして、お願い！」「んもぅ、しょーがないなぁー」といった意中の相手に、モーニングコールを頼み頼まれることで片想いからステップアップするきっかけにもならないことはないだろうから、研ぎ澄ませすぎてそんな可能性を潰しては損な気もする。

しかし、現実は寝坊に対しての風当たりは当たり前だがきつい。「眠くてしょうがない」ことが、「そりゃ若いもの仕方ないね」で済まされるような年ではなくなってきているのもまた事実。給料を貰って仕事している限りは、時間通りの出勤も仕事のうち。その昔、料理学校や葬儀学校で先生方に何度も言われたことは、「とにかく最初は、仕事が出来なくて足手まといになることは確定しているんだから、遅刻せずちゃんと朝、来ることだけはしなさい」だったくらいだ。学校の成績が良くても、社会人になって最低限のマナー「遅刻しない」を守れなければ、容赦なく不適合者のレッテルを貼られる。

私も昔、契約だが会社員として仕事をしていたことがあった。その数年間で、辞めてしまう人や音信不通となる人も数人見てきた。確かに彼らの最初の兆候が、「朝いない」「遅刻が増える」だったような気もする。そうして彼らもまた職場に居づらくなり、周囲もどうしたものかと困惑していった。

学生時代は大まかに「ちゃんと来い」しか言われなかったが、今、振り返ってみると、先生方の「ちゃんと来い」には、「遅刻すると自分の居場所がなくなって仕事がイヤになるだろうから」という心配も混じっていたのではないかなと勝手に解釈する。

さて、「寝坊からの遅刻は信頼破壊」という話をしてきたが、それでも寝坊は誰だってしてしまう。極力避けては通りたいが、万が一寝過ごしてしまったら、ここまでの経験上言えることは、「正直に寝坊したと言う」に尽きるのではないかということ。目覚ましが鳴らなかった。薬をのんでいた。昨日から寝付けなかった。死んだ祖父が夢枕に……などという装飾は、いっそう相手を興ざめさせることに気付いた。少なくとも、自分が前述のようなことを言われたら冷めないだろうか……私なら冷めてしまいそうだ。

寝過ごすことは誰にでもある。誰にでもあることを簡潔に伝えることは、正直で、しかも「どこからも突っ込ませない。だが急ぐので待っていてほしい」という強さを出せる威力がある（寝坊したくせに）。居直りすぎると余計な火種が生まれるので、「寝過ごしました、申し訳ありません。〇時には着きます」とまじりっけなしのシンプルな連絡をして、後は急ぐ、とにかく急ぐ、到着したら謝って通常業務に取り組む。「どうして寝坊したのか」を聞かれても、「起きられなかった」で済ませて、情報を小出しにしたり尾ひれをつけて同情を誘わない。……ここまでが「寝坊した者」としての重厚で冷静な反省スタイルと提案する。

しかし、「朝起きたら出発時間」というのは本当に焦る。ガバッと起きて、冷や汗が出るか身の毛がよだつかその両方か。いろんなことを考える……「ああどうしよう、まず連絡しなきゃ、でも何て言おう、ああどうしよう間に合わない」。もはやちょっとした心霊現象よりもパニックになる。霊が来ても給料は減らないが、寝過ごせば霊よりもおっかない方々に心身ともに重圧を喰らわされるわけなので、そっちのほうがよっぽど怖い。

ちなみに、私が寝坊以上に恐怖を感じるのが、「寝坊したその日の夜」。今日みたいなことが明日の朝も起こったら……と、目覚ましの繰り返し機能をセットする手も小刻みに震える。寝坊が癖になってダメ人間になるのが怖いと感じているうちは、まだマトモな気もするが。そろそろ「さっさと目が覚めちゃうんだよね」と言ってみたい。年齢的にはもうすぐのはずだ。

lot#5　あなたは誰？

「先日会った人や、以前行った場所の名前が思い出せない。……ああ、分からないから余計気になる……」

これを日常の中の精神的遭難と呼ぶのは大袈裟だろうか。気になれば、答えを探して今取りかかっている作業や人との会話が滞ったりストップしたりもするのだから、現世から取り残される状態になる。そして「ホラなんだっけアレアレ、こないだ一緒に見たアレ」と難易度の異様に高いヒントを掲げながら、相手を巻き添えにするパターンにも展開しかねない。多くの場合は「え？　アレってなに？」と混乱が生じ答えが出ない。そして「もー、なんで分かんないの？　あぁ、もうイライラする」と理不尽な怒りをぶつけられるという、まさかの事態にも発展しかねない。こうなってしまってはたまったものではない。このように「思い出せない」という精神的遭難は、独りでも複数でも陥る可能性があるのだ。

しかし、今回ご紹介する事態の当事者は自分一人、おまけに起こったら今その場で解決しなくてはいけない問題のため、思い出すまでの制限時間も極めて短く要求されるというまさに緊急事態。英語の文法っぽく呼称をつけるのなら「現在形単独短式」といったところだろうか。この現在形単独短式は日常に潜み、私たちの精神を狙っている。とっさの判断が苦手な私のような愚鈍者には大敵である。

大抵向こうから声をかけられる（向こうは知っているから声をかけるのだが）。顔は知っている……だが名前が出てこない。挨拶をしても近況を聞いても思い出せない。どんどん進む会話に、相づちも慎重になる。この辺りまで来ると、願うことはただ一つ、「どうかこの人が『私のこと覚えてます？』なんて、間違っても言ってきませんように！」である。この台詞を言われたら、もうなす術がない。「覚えてる」と言えば嘘になるし、「覚えていない」と言えば失礼……。こんなどっちも血を見るような恐ろしい二択問題は絶対に避けたい。何とかして記憶や会話から名前を探ろうとしなくてはいけない。社員証や名札をつけている人の場合なら、「いっつもコレ（社員証）見えるとこにつけてなきゃダメなんですか」や「あ、名札の写真なんか違う」なんて言いつつ、さりげなく名前を確認するポジションまで体を持っていくことが可能なので挑戦している。

男よりパーソナルスペース（縄張りのような個人空間）が狭く、人との距離を自然と縮めやすい女に生まれてきてよかった。あとは連絡先を交換しながら名前をさりげなく見ることも簡単だ。しかし、そこまで馴れ馴れしくできない場合がほとんどなので、連絡先交換は実用的ではない。……そんなことばかり言っているから私には友達がいないのだろう、別にいいけど。アダ名を聞いてみることもよく行う。「アダ名ってなんでしたっけ?」や「いつも何て呼ばれてるんですか?」と聞いて、後日「（アダ名）さん、本名忘れちゃった」とうっかりを演出するのであれば失礼な奴ではなく、おっちょこちょいで済ませてもらえるかもしれないからだ。

不思議なことに、「ミスが多い」や「注意力散漫」も、「私、おっちょこちょいなんです」と言えば、短所も「しょうがない奴だなぁ」と免除される場合がある。それでマークされずに済んでいる奴は、バイト先にも職場にも学校にもどの世界にもいた。

ミスが多いも、おっちょこちょいも、もれなく「間抜け」の意味だが……日本語はこれだから難しい。

話は逸れたが、持ち物やアダ名から手がかりをもらい、その場を凌ぐことは可能だ。実際、私も名前が思い出せない女性を前に精神的遭難をしていたら、彼女のブレスレットにローマ字で名前が書いてあることを発見し、「あー！　思い出したー！」と事なきを得たこともある。覚え直して一生忘れんと思っていたら、後日、結婚して名字が変わっていたが。

上級編も記述しておこう。これは出身校の教頭先生のアイデア。「君、名前は？」と堂々と聞く。「忘れちゃったんですか？　やだなあ」といわれても聞く。「○○です」と答えたら一言、「違うよ、下の名前。名字は知ってる」とさらりとかわすという手法……さすが先生。

lot#6 送料無料の誘惑

送料……。無論、人と物をつなぐためには必要な費用で、それを払うことで誰か（特定は出来ないので）の生活資金、どこか（これも特定は出来ない）の運営資金の一部になったりもしている。だから払うべきところは払わなくてはいけない……ことも分かっている。

しかし、現在、消費税が８％になり、更に送料も追加された上で「すべてひっくるめた金額」を見てしまうと、え……こんなにするの？　と固まってしまうこともまた事実。税抜き価格を見て購入したときと、実際払う金額を見たときの値段の開きに動揺を隠せない。私は都内に住んでいるので、「一部地域はプラス○○○円」などの追い討ちをかけられることもまずないが、同じ日本にいながら送料に地域差があることも、当事者であったら「何故だ」と思うだろう。運ぶ人々も届け先が遠ければそれだけ日数や走行距離がかさむので……という正論は知っている。しかし、多くの人が関わっていることなので必要だと感じることと、それを理解して当たり前のように払うこととは違うのだ。これだけ送料の背景を知っているにもかかわらず、やはり払う際は「う〜ん。送料高い」と思う。頭で理解していても、支払う手からは「損してる周波」が漏れてしまう……。ダメだダメだ体にいいわけないと思いつつも、やめたはずのタバコに手を出したりおやつに手が伸びたりする感覚と決して遠くない。

このように送料問題で購入をためらっていると、「送料無料」という文字が大変魅力的に見えてくる。分かっているけど……を最初から無かったことにしてくれるので、つい「こっちを買えばいいじゃないか」となりがちだが、やはり世の中甘くはない。送料も含めての本体税込み価格なので、他の送料別商品より少し高い値段で表示されているだけ……なんてオチもある。さらに恐ろしいのは、「○○○○円以上購入で送料無料！」という商法。これは送料無料のために、気づけばその○○○○円という金額を満たそうと躍起になって目当ての商品以外のものを物色している自分にハッとさせられる瞬間がある。一度や二度ではない。

以前、５、０００円以上は送料無料！　というサイトにて３、８００円のペット用品を購入し、あと１、２００円ほどで無料という誘い文句にすっかり夢中になり、サイト内で１、２００円以上のものをあれこれ探しているうちに、気づけば１時間がらくらく経過……。結局、何を買っていいか分からなくなり、日用品コーナーのトイレットペーパーとジュースを購入。のちほど確認したら、いずれもネット価格で割高だったことに気づき、思わずパソコンの画面をそっと閉じてしまった。１時間何だったのだろう。こうやって年をとっていくのか。

ウェブでの買い物の利点は、「店頭で売っていないものが手に入る」「買い物に行く、大きいものを運ぶ手間がかからない」「ちょっと買いづらいものでも気軽に購入できる」等である。安さに関する利点は二の次三の次……ひょっとすると利点などないのかもしれない。……そう考えていないと、送料無料のかりそめのお得感を求め様々なサイトを漂流したり、「○○○○円から送料無料」の誘惑に魅入られて、予定していない商品を値段満たしのために探し回るという「無限回廊」にはまりかねない。ウェブショッピングは時間を決めて、送料に対しては商品を手に入れるまでの手間のかからなさを引き合いにおおらかな気持ちで解釈するに尽きる。

ちなみに私は、買い物に行ったときの交通費を脳内で弾き出し、送料に対して少しだけ優しくなれた。送料の数字を見ては「もし新宿でまで行って買えば、こんなものでは済まない」などと出掛けたつもりで比較する。家電に関しては、何故か新宿へ行くことを妄想する理由は自分でも謎である。ちなみに新宿で家電を購入したことは現世ではまだない。

lot#7

半裸のバスタブ前

湯が熱すぎた、ぬるすぎた等の入浴時の失敗はよく経験してきた。しかし、実家はありがたいことに私が小さな頃から「追い焚き機能」のついている風呂だったため、このような失敗は致命傷にならないうちに何とかできていた。そのため、出張先のホテルや合宿所などの「ただお湯と水が出てくるタイプの風呂場」でこのような失敗をするようになり、ちょうどよい温度になかなか巡り合えず、バスタブ前で半裸で悪戦苦闘することもしばしばだ。

熱湯のみを出して火傷したこともある。風呂の湯ですら、「ちょうどよい」温度にするためにこんなに時間をかけてあーでもないこーでもないと思案するのであれば、人生の中でいろいろなちょうどよいを探すことに費やす時間は途方もないなという考えが勝手に広がる。なかなか見つけられない、見つけても納得できないかもしれない。……「ちょうどよい」というのは山の彼方の幸せのようなもの……よせばいいのにそんな妄想を風呂場でぼんやりしているから、バスタブにたまった湯が熱すぎたりぬるすぎたりするのである。

自宅以外の場所では、バスタブに湯がたまるまでの間はちょこちょこと様子を見ることが多い。特にホテルは、タイマーや自動給湯機能がついていない場合がほとんどのため、目安が分からないからだ。しかし、自宅の場合はすっかり「自動給湯」に頼りきっているので、様子を見るようなアクションはまず行わない。軽妙なメロディーと共に「お風呂が沸きました〜」というアナウンスをひたすら待つだけしかしない。ボタンを押せば絶対動くと信じて疑わないのは、今この国で生きている限り仕方のないことかもしれないが、機械に任せる前までは手動でやり終えていなくてはいけない行為があることを、どうしても忘れがちになる。

自動給湯のボタンを押す前、これぱっかりは手動で何とかしなくてはいけない……それが「バスタブ内の排水口を栓で塞ぐ」ことである。当たり前だが、これを忘れては当然給湯は成り立たない。給湯が終わったなと勇んで風呂場に行き、バスタブが空っぽだったときのショックと動揺はかなりのものだ。

まず、瞬時に現実を確認することはできるが、何かの間違いだろうと信じられない。そのうち「なんでこんなことしちゃったんだろう……」と、女子高生が幼馴染みだとばかり思っていた男子高生と下校中、突然降りだした雨から逃れるべく神社の軒下で雨宿りしていたら、いつの間にか男子高生とキスをしてしまい……なんていう自分で自分のしたことが理解できない……にも似た感情を抱くようになる。そして徐々に自分のやってしまった事実に腹が立ち、給湯され、たまっていくべき湯が、とめどなく排水口をくぐり下水となって流れてゆく状況を想像し悲しくなるのだ。最終的には、「この失態をぬぐい去りたい」という気持ちが、そっとバスタブの栓に蓋をして、何事も無かったかのように給湯ボタンをもう一度押す力につながる。疑念、怒り、悲しみ、逃避、勇気……。栓をし忘れただけでこれだけの感情を刺激されるとは。

無かったことにしたいとき、人は驚くほど落ち着いている。「これは私、見てない、そもそも知らなかったの」と起こったことをねじ伏せるために、強引さと冷静さが落ち着きを作るのだ。更に私は、このような失敗に対してこう思うようにもする。「一人でよかった」と。一人以外だと誰かに失態を叱られる可能性も出てくるからだ。何かと叱られっぱなしの半生を送ってきた私にとっては、このような失敗時に誰にも責められない、叱られない、おまけに無かったこととして処理できる状況は、自由を噛み締められる瞬間なのだ。無論、水道代を無駄に払うという責任とセットだが。

lot#8

いつもの壇蜜

　家電でも文章でも、大体のことにおいて「分かりやすいこと」は良いことだと思う。機械音痴の私の場合、多少値段がはってしまっても、シンプルなデザインで説明書も薄いような分かりやすいものを選ぶようにしている。機能にこだわり操作を楽しめるほど、家電と親しくなる自信がないからだ。結果、同じメーカーのものを購入し、ブランドびいき感あふれる部屋になりつつあるのだが、使い方が分からなくなるよりはマシだ。「分かりにくい」と思うことから、考えることへの拒否がはじまるのだから。ここまでは分かる。しかし、分かりやすくても自分が持っているものと違うものは提供できない……そんな事態もある。

この業界に入り、5年が経過しようとしている。5年前、初めてTVに出たときは、バラエティ番組内で「街行く女性にスッピンになれるか聞いてみる」という企画でエキストラ要因として出演し、通りすがりの女性としてスッピンを見せる役だった。放送時には司会者の男性がVTR内の私を見て、「この子、○○（とある芸能人）に似てるなー」と呟いていたのを覚えている。そんな始まりだったが、TVでの勤めが増えたのは3年ほど前だ。それまでの2年間は、ヌードやら袋とじやらヒモやホースで局所を隠したままウロウロするイメージDVDやら出された「企画」に忠実に勤めていた。

さすがにTVの世界ではヒモだのホースだのを持って出ていくわけにはいかないでしょうと切り離して考えていたら、TVを作る人々の中には「今にもホースで局所を隠しながら歩いてきそうな人が言いそうなこと」を言ってほしいと伝える人もいた。露出の多い格好をしているから性格も淫乱で当たり前……と思われていることが、大変「分かりやすいな」と思った。そして、それ以外の要素はほとんど必要とされていないことも、また「分かりやすい」状況だった。そしてTVに出る前の打ち合わせなどでよく聞くようになった言葉が、「壇蜜らしいいつものやつお願いします」だった。

上野広小路で衣装を自腹で調達するときも（当時はすぐ消えることをふまえ、「スタイリスト」という上等なものを発注する段階ではなかった）「服はいつもの感じで」と言われていたのだが、基準が分からず、結局適当に選んでいた。

世間もＴＶも、最初にタレントが持っていたイメージを少しでも変えようとすると、大変怒る。分かりにくくなるからだろう。「それで売れたくせに手のひらを返さないで」と言われた。……かといって、そのまま「ホース持っているような人のイメージ」にしておくと、これもまた「下品！　飽きた！」と怒る。加齢に伴い、時代と立場に合った思想を持つことが自分に許されないと知った時は驚いた。娯楽を提供することが本分であるのに、どう転んでも怒りの感情を持たれるこの仕事は凄いな、と。初心を忘れることはいけないことだと思うが、あくまでファンの方々に対する感謝と仕事を共にしているスタッフの方々への敬意と相互理解を変えずにいることが、「初心忘るべからず」の正体ではないだろうか。

現在はＴＶのお勤めも減り、すっかり衰えた34歳の体に合った服をプロの方に用意してもらっている。「いつもの感じで」もさほど言われなくなった。そんな事情より、私がＴＶから消えたことに興味津々な事態もまた「分かりやすい」。

私の長所は「コツコツ続けられる」こと。加えて性根は大変悪い。押し付けられると心の中で唾を吐くようなコツコツ型の年増女は、「いつものやつお願いします」を否定も肯定もせず知らんぷりをすることを、今日も「コツコツ」続けている。

色音痴

lot#9

移籍して新しいマネージャーに世話になり、3年が経過しようとしている。お互いに30代と40代の半ばのオバハンとオッサンのせいか、「若い故の衝突」や「勢いある活動（いけいけどんどん）」などとは無縁であり、2人で「一歩間違えたらいつでも無職になれるよね」と言いながらも、何とか生計を立てている状況だ。

こんなコンビなので「仕事が好きです！」「キラキラしたいんです！」という雰囲気はほぼ出てこない。マネージャーは私の私生活や嗜好なども理解はしているが、特に注意喚起はしてこない。イメージと違うから……等の台詞は、彼の口から聞いたことがなかった。

しかし、被服に関してだけは最低限の指導をしてもらい、今に至る。移籍したての私は、ファッションセンスが恐ろしく悪かった（らしい）。当然、色に対しても無頓着で無知……いわゆる「色音痴」だった。ブランドも知らなければ、選ぶ基準も持っていない私を見てどう思ったのかはいまだに謎だが、マネージャーはある提案をしてきた。

「選ぶ服の色を紺、白、黒、ベージュ、灰色の5色にしぼったらどうだろうか。いつもこの5色のうちのどれかしか着ない生活をしてみては？」

そんな服の選び方が存在するのかと、当時は衝撃を受けた。なぜ、このような提案ができるのかと聞くと、マネージャーは15年ほど前はマネージャーではなく洋服屋だったという。

元遺体衛生保全士のタレントと元洋服屋店長のマネージャー（↑今でも副業でスーツの採寸と発注はしているようだ）……こんな異色のコンビが出来たのも、運命のいたずらかもしれない。ともあれ、私は彼の言う通り、持っている服のほぼ全部を「5色をベースに、柄の無いシンプルな『フリースでお馴染みの』あのブランドの服」に買い換え、普段着から目立たない暮らしを始めていった。

服が目立たないと私生活で目立つことに違和感を覚え、私生活が目立たないと攻撃性や執着心が薄くなるような気がした。30を過ぎた頃から、ホットパンツにチューブトップを果たしていつまで着ていいのか不明だったので、32にしてこのような改革に巡り合えたことは大変ラッキーだったと思う。「30過ぎても着ていたのか」という突っ込みには、今では笑顔で応じられる。

新人に毛が生えたような頃は、私服でTVに映る際に「ロケ地は寒くても露出してなきゃ意味無いからね」と、誰とは言わないがTVを作る方々に指導されていた時もあり、タレントこそ私生活は地味であってもいいのではないかというマネージャーの教えを知らなかった頃なのでご容赦願いたい、と。お陰さまで、今では都内某所の集合住宅地に猫と熱帯魚を囲いこみ、地味な衣類を身に着け、派手とは縁遠い、しかし若干自堕落な暮らしを続けている。

こんな暮らしを3年近く続けていると、いざ衣類以外の何でも色が選べる状況で迷う。歯ブラシ、タオル、スポンジ等、「何色選んでもセンス悪いも良いも言われないであろう」物の色を選ぶことに時間がかかるようになったことが、「5色生活」における唯一の副作用かもしれない。大した症状ではないが、歯ブラシの色が毎回違うのも、台所のスポンジ置き場にある複数のスポンジたちが、やたら派手で四角にとどまらない多様な形をしているのも、「センスのかけらもなかった（らしい）けど何かを選ぶ楽しさは少しだけ感じていた」数年前までの自分が成仏しきれていない証拠かもしれない。

派手なものが好きというわけではないが、地味に徹して生きられるほど小物たちの色とりどりな魅力に無頓着になれない。スーパーで歯ブラシの色選びに迷う自分も、「色に弱い私の解放時間」として大切に保管しておきたい。センスが研ぎ澄まされきった壇蜜は、周囲も見ていて鼻につくだろうから。

lot#10

仕事あるの？

今まで人間に向いていなかったせいか、何度も職を変えている。イベント時やゲスト出演の際に私を紹介してくれるくだりがあるのだが、「数々の仕事を経験されている」という言葉が出るたびに、「優しいな」と思う。数々の職を経験しているなんて、キツめにいえば「これまで定職につけていない」のだから。大学病院での非常勤職員業務を休職し、金欠時に勤めていたバニーガールクラブの仕事を退職したのが32歳の時だったが、それまでどんな仕事も3年以上続いたことがなかった。

目立ちたがり屋のかまってちゃんだった「井の中の蛙」時代（20代半ば）に、自分がいま行っている仕事が地味だなと思い、やる気が無くなったこともあった。ありもしない「自分のやりたいこと」ばかりを生意気に考え、目の前の仕事は「違うコレじゃない」と勝手に判断し、辞めたこともあった（20代終わり）。

恐ろしいほどに自分勝手で嘘ばかりついていたため、心のどこかで「死んだほうが世の中（特に親や職場で迷惑をかけている方々）のためになるかも」と反省しながら生きていたが、その反省が職を長続きさせるバネにはならなかったのが、自分は口だけの性分があるなと自覚するきっかけでもあった。

その後、偶然にも世の中から少し注目されることで、「自分はまだ死ぬほど立派に生きていない」とか都合のいい考え方に頭を無理矢理切り替えて今に至るわけなので、いかに調子よく怠け者だったかがお分かりかと思う。なので人間らしく勤める、いたわる、省みるの気持ちを与えてくれたファンや身の回りにいてくれるスタッフの「寄り添い」には、感謝してもしきれない。

人間に向いていないこれまでを過ごしていても、今ほど言われなかったこともある。それは「仕事あるの？」だ。壇蜜になってはじめてこんなことを言われるようになった。需要がなければ仕事もないという分かりやすい世界のせいか。……はたまた私の名前を検索すると、すぐ横にくっつく関連用語欄に「消えた」「干された」とあるからだろうか。

特に「自分は仕事の出来る人として生きてきたが、娘がどうにもこうにもからっきしで何かと気苦労が絶えない」私の母は、電話をするたびに聞いてくる。「ねえ、仕事あるの？　大丈夫なの？」と。結構ハードなＳＭ映画に出ていた時点で、なにが大丈夫でなにが大丈夫じゃないのかもうすでに分からなくなっていたが、私は答える。「大丈夫。仕事してるよ」と。その電話の後で母はマネージャーにも「大丈夫かどうか」を聞いていたらしいが、ここまでくると彼女の「大丈夫」というのは一体なんだろうという疑問もわく。その答えはいまだに出てこないが、心配する様子から私やマネージャーよりも芸能界という場所はミズモノで使い捨てであることをよく理解しているのは確かだ。大丈夫に対して大丈夫で返されるシンプルアンサーで母は安心するわけでもないが、特に困っていないので「大丈夫」を繰り返し、「アレ（昔から馴染みのモノ。干しイモやジュースなど）送ってよ」と、他愛の無いお願いをするのが「私から母への安心渡し」と思っている。

ちなみに、仕事が3年以上続いたことがないと言っていたが、1つだけ5年ほど続いたアルバイトがある。ミニスカートをはいてケーキを売ったり配ったりするウェイトレスの仕事だ。華やかなピンクやオレンジのユニフォームに惹かれて、いそいそと始めたのだった。毎日出勤はしていなかったが3年以上続けられた。ここまで書いて最長記録がこれかと本当に情けなくなるが、壇蜜になって5年が過ぎようとしているのでこれでやっと記録を更新できるとホッとしている部分もある。後は「副業無しで壇蜜として勤めた」年数が5年を超えれば、晴れて記録更新だ。

ガラスの中年

lot#11

よせばいいのに、「学生の恋愛」をモチーフにした線の細い男女が主役の少女漫画を読む。昭和生まれ女子校育ち、授業中後ろを振り返れば非行と言われた環境で育ってきた私には、この漫画の中で起きていることが目眩《めまい》を起こしそうなほどピンとこなかった。

本当に日本で描かれたものなのか……、もしかしたら、ロサンゼルスあたりの洒落たティーンエイジャーたちの話なんじゃないかと疑うほどだった。間違いなく日本の学園恋愛モノだったが、自分の学生時代とは違いすぎるのだ。漫画とはいえ今の学校事情も反映しているだろう。話のモデルだっているかもしれない。人気の漫画と聞いていたので、若い世代は共感しているということだ。つまり、最近のティーンエイジャーたちは、恋愛ですったもんだある学園生活に夢中ということだ。教科書が入っているのか疑わしい薄い鞄を持ち、何故か親の都合で独り暮らしをしている中高生が学内に何人もいるという環境も、共感や憧れを呼ぶのだろう。

とにかく、何でも進んでいるのだ。自分の生きてきた時代と比較するから目眩が起こるんだという持論を確立し、読破した。学園一のカッコいい「ヒロインの彼氏」と「ヒロインに健気《けなげ》に想いをよせるクラスメイトの男子」が途中から顔の区別がつかなくなったあたりで、もう自分の理解を越えていることに気づき、続編は手に取らなかったが。

漫画の中に自分と同世代の登場人物を探すこともした。同世代を見かければ安心するかと思ったからだ。しかし、30代半ばの者は学校の教師としてでもなく、学生のきょうだいとしても一向に出てこない……。その学生の親や叔父叔母のような関係で、ようやく登場するのだった。漫画内での30代半ばというのは、もはや学生たちの恋愛事情にほぼ関わっていない。彼らは、「海外で長期出張」や「事業主でマンション持ち」という主人公やその他の学生たちの「独り暮らしをするきっかけ」を作り出す親という概念でしかなかったことに驚いた。40歳手前で海外でばりばり働く大人が、高校生の子供に日本での独り暮らしを推奨する。……憧れを抱くシチュエーションなのも無理はない。

そんな漫画を主に読んできたような若い世代と交流することは、今も昔もある。齋藤支静加で働いているときも、壇蜜として勤めているときも、後輩に指導こそなかったが話をすることもある。メイクさんやスタイリストさんのアシスタントは、ほぼ10も15も下の若い人たちだ。平成生まれも多い。40代半ばのマネージャーは、アシスタントの親の年齢を聞き、軽いショックを受ける世代になったとため息をついていた。

自分本体だけでは年齢やそれまでの足跡を振り返ったりはしないが、若い人々や彼らを囲む人々の年齢層を意識すると、とたんに自分と自分の年齢とを向き合わせてしまう。そこで年をとったなぁとか、彼らの親は同世代なのに立派だなぁと、「何となく自己批判」がはじまるのだ。

そんな負い目を感じているときに、若者から「〜って何ですか」と聞かれたら、世代差に打ちのめされてしまう。30代半ばは「ガラスの中年」の序章なのだ。しかし割れてばかりもいられない。若い世代は大切にされて然るべきだが、働き盛りの世代も世の中には必要だ。ガラスを強化していくには、「世代差なんてあって当たり前。自分だって若かった頃は、目上の人々に世代差を与えていたんだ」と、歴史上繰り返されるイベントとして世代差を受け止めることがカギとなる。分からなくて当たり前。お互いに知らないことをなら教え教えられることをラッキーと思えば、無理して若ぶらずとも気持ちのよい交流ができるだろう。

先日、22歳の青年に「ジュリアナって何すか」と聞かれた。ガラス強化のチャンスが来たと思い、「ええと、20年くらい前に流行った踊りの文化のことでね、フワフワの扇子を持った女性がね……」と懇切丁寧に振りつきで答えたら、「へー。イケてますね」と答えてくれた。これでいいのだ。

保守か改革か

lot#12

三十数年生きてきて、その間の半年という一瞬のことだったが、都内のとある通信系企業でオフィスレディーをしていたことがあった。和菓子屋をクビ……じゃなかった退職して、翌年、葬儀の学校に入るまでの半年間、契約社員としていわゆる「受付嬢」として勤めていた。ピンクの制服を着て、いっちょまえに企業の顔として澄ました顔で玄関に座り、来客を案内したり電話に出たり、通り過ぎる社員たちに挨拶をしたり……大変新鮮な日々を過ごしていた。

格別に楽しいわけではなかったが、先輩の女性社員はナウくてシティっぽくて美しい上に優しく、眉ペンとアイライナーのみで最低限の化粧を済ませる粗野な私のことも、「もぅ、支靜加ちゃんたら面白いんだからぁ」とおおらかに受け入れてくれたので、馴染めなくて辛いということはなかった。むしろ、そんな世界があったのかと毎日わくわくしていたほどだった。

美しい花たちに囲まれて過ごした半年間はあっという間の出来事だったが、今でも年賀状をくれる先輩もいる。ありがたいことだ。この受付の仕事につく前に研修所で訓練をしたのだが、そこの教官から受付嬢というのは企業のカラーをよその方々に伝えやすい存在だから、あまり派手な生活態度や身なりだと足並みがそろわなくなるので注意するように……と教わった。

確かに先輩方は美しく若々しいが、どこか落ち着いていて控えめだった。きゃぴっとした「おきゃん」感はほとんど無く、「こりゃ話しかけやすくてモテそうだ」と邪《よこしま》な目線で見てしまうほどだった。企業カラーも当時は（今もだろうが）「伝統を重んじる」雰囲気が強かったため、大人しさというものは代々受けつがれるものだなぁと感心していた。

そんな「保守的なカラー」に包まれた生活をしていると、食生活にも影響が出てくる。社員食堂やコンビニ以外にもあちこち飲食店はあるのだが、先輩方はあまり外に赴くようなことはしない。それとなく理由を聞いたら、「制服のまま外で食べたり買い物するのって、ちょっと照れるし思いっきり食べられない」という可愛さ満点の答えが返ってきた。社員食堂での人気メニュー、「毎週火曜日限定発売カレーうどん」もずるずるとすするのを恥ずかしがって、受付嬢の控え室まで持って行って食べていた。持参するお弁当も手製が多く、誰が何を好きでどんなモノを選んで食べるのか大変分かりやすい環境に、私は驚くばかりだった。たまに社員食堂で新メニューが出て来ても、会社が入っているビル内のカフェで限定商品を販売していても、「うーん……いつものでいいや」と手を出さない。私は新商品と聞くと「どれどれ」と手を出すので、そのたびに「支静加ちゃん、冒険してるー、すごい！」と目を丸くされていた。

一体、いつから先輩たちは「いつもの」を定着させていたのだろうか……いつものだって昔はいつものじゃなかったはずだ。保守の前には保守になるための改革があったはずなのだ。この謎は私が就労している間には解けなかった。

新しいモノも興味がある。しかし、「いつもの」も安心するので手に入れたい……レストランで、スーパーで、通信販売サイトで……様々な場所でこのような悩みに直面する。最近ではスーツケースを壊してしまい、使いなれた以前と同じ型のモノを新調するか、装い新たに違うメーカーの新作にするか（値段はほぼ一緒）、さんざん迷い、結果、「違うメーカー」を選んだ。決め手は自分の冒険心だった。「いつかまた買えるであろうもの」だったら、今は新たな商品に触れてみたい……これが私の迷ったときの基準である。

夜遊びも男漁りもしない私に備わった、わずかな「新しいものを試す気概」はこうして消化されてゆくのだった。ちなみに我がマネージャーのように、「迷ったら値段高いほう選んでる」という者もいる。すでに冒険心が溢れ過ぎて、あらぬ方向へ行っている気がするのは、私だけだろうか。

捨てたい願望

lot#13

他人から物を貰うことが苦手だ。水商売や無職を経験しているせいか、「貰うものが己の身の丈に合わないような高価なもの＝無茶ぶりをされる」という展開を予想せずにはいられない。

「抱かせろ」という分かりやすい要求ならば、フィーリング次第で……という気持ちもあるが、高価なプレゼントが絡んでくると、「あげたじゃないか」という謎のプレッシャーを感じることもあり、何となく恐いのだ。おごってやるよ、と誘われても、「お返しできるものそんなにないです」というメッセージ性も込めて「いいです」と遠慮して、それでも引かれなかった場合は、「では回るお寿司を」と伝えて、皿の色に注意しながらご馳走になったこともある。

お金をかけてもらうことを辞退したような態度で、よく水商売のバイトが成り立っていたなと今思えば不思議だが、どこでも「生きていこう」と思う気持ちが大切なのだ、という教訓にもなっているので、貴重な経験をした。そんな過去があったわけだが、世間は水商売にグラビアなんて職歴があれば「貰いっぱなし人生」想像する。それは無理もない。「全然、貰ったことないです」と言っても、「いけすかない」としか思われないことも承知だ。

「プレゼントされたもので一番高価だったのって何ですか？」という質問をされることも多い。自慢しても謙遜してもロクな反応は返ってこないので、「（貰わないけど……）頂き物の価値は分かりかねますが、化粧品や日用品は生活が困っているときに何よりの助けになりました」と答えている。当然、「つまんねぇ」という顔をされるが、「高価なもの貰って当たり前でしょアンタ」の概念を持って質問しているその気概も充分つまらんぞとも思う今日この頃……あえて口には出さないが。

貰うことが苦手な理由はもう一つある。処分しにくいからだ。貰っても買っても本や服はいつか捨てる……ちなみに私の「いつか」はペースが早い。同じ本を繰り返し

読むことも少なく、洗濯の頻度が多いせいかもしれないし、安いものを着ているせいかもしれないが、一番の原因だ。特に服は
洗濯機で洗えないものは着ないし買わないので、お安いものを着ては洗って頃合いをみて処分してというサイクルが止められない。

捨てることに迷いがなさすぎて、プレゼントにも同じ「迷いなき判断」を下してしまうため、他者がその姿だけを切り取って見ると、随分と冷酷な者に映るだろう。最近では自分が連載用にと手書きした文章やイラストも、くしゃくしゃに丸めたりびりびりに破いて捨ててしまい、マネージャーに「あの原本まだある？」と聞かれて、「捨てちゃいましたよ？　写メしたからもういいかなと思って」と答え、絶句されたばかりだ。紙類がたまっていく様子を見ることも苦手なので、ある日突然、「何故、我が家にこんなに紙類があるのだ……！　ああ、今すぐこれを焼き芋の燃料にでもして有効利用したい……」と紙の束を握りしめ、「一人焼き芋」を妄想していたこともある。モノが捨てられないことで悩んでいるほうが、よっぽどまともに見えてしまうのは気のせいだろうか。

この「捨てたい」願望はどこからやってきたのか。独り暮らしをしてから急に強く感じるようになった。独り暮らしを始めたのと、壇蜜になったのはほぼ同時期だった

ことと関係があるようにも思える。周囲から「はしたない」「ふしだらだ」と言われることは予想していたので、精神的な後ろ盾として「恥知らずだけど、家はキレイよ」という密やかな自信が欲しかったのかもしれない。現に部屋が整理されていると、落ち込んだ際も、落ち着きを取り戻すまでの時間は早かったと記憶している。これは性分なのだろうか。はたまた人の本能か。

　自立して、現在30歳を過ぎてから「ひとりでできるもん」を体現している厄介な状況だが、家が殺風景だと心も殺風景になり、外のしがらみと均衡を図るには丁度いい。

好きの理由

lot#14

「ここの学部を選んだ理由は？」

「どうしてこのアルバイトをしようと思ったの？」

「わが社を志望する動機は？」

「この世界（芸能界）に入ったのは何で？」

……過去に聞かれてもすぐには答えられなかった質問を、一気にあげてみた。これらの質問事項を並べてみて思うことは、世の中がいかに「理由」を大事にしているかということだった。確かに人と人とが交流し、社会を作っていく上で、「自分と一緒にいる者が何を考えているか」というのは大変気になることだ。「考えを言わない者」

や「摑《つか》みどころがない者」には、物事を託したり意見を交わしたりしていても「この人、大丈夫なのかな」と不安が生じる。働き、交流し、生きていく……それらの合間に降りかかる手間やリスクを減らしたいときには、出来るだけ同じ方向を向き、必要以上に敵対しない者と共にいることが有効手段の一つだろう。だから近くに来るもの、組織に入りたいと志願する者にはまず理由を聞く。「何故か」と。理由を理解すれば共にいていいか悪いかがある程度判断できる……（嘘さえつかれなければの話だが）。そんな訳で、理由が大事な理由を述べてみたが、ご理解いただけたであろうか。

残念なことに、私には「〜だから〜したい」と答える「理由説明」の内容があまりにも残念な内容で、しかもそのまま伝えてしまうため、理由を知りたい方を落胆させるようなことばかり起こる。学部を選んだ理由は、「その昔、英語の成績が悪かった母が、私にはせめて大学で英語を勉強してほしい……と願っていたから」が真実である。母も喜ぶし、まあいいか、という気持ちが第一だった。アルバイトも「制服が可愛く、働くことが嫌いでも緩和材になるかなと思ったから」。会社の志望動機に至っては、「大学出て就職してないなんて、誰から何を言われるか分かったもんじゃないから。私が入れる会社なら、どこでもいいです」「駆け込み営業してこいとか言われなくて17時に帰れるなら、なおさらいい」だ。さすがに言えなかったが。しかし、言わなくてもそんな雰囲気は伝わるのか、結局、採用してくれる企業などなかった。「結局、いい大学と美人至上主義かよ。何やったって不採用でしょ〜？　口が上手い、イイ人間しか雇わないんでしょ〜？」と部屋で悪態をついてふて寝していたのが、つい12年ほど前の話だ。今以上に腐りきっていた。

生きるためには多少の印象と理由を操作、脚色することも必要で、社会には「それなりに」自分を働かせてくれる場所も探せばあるという事実に気づかされたのは20代半ば、失業時に一緒にいた元恋人と再就職支援をしてくれた人材派遣の社員の2人によってだった。ここで私は、「理由」は他者への安心材料なのだから、少しだけ相手好み寄りの理由を作ることは、嘘ではなくて相手への思いやりと生きる知恵だという大人の考え方を、遅ればせながら知るのだった。

社会に馴染むために作成した「理由」は、私を平和な再就職先へと導いてくれた。性格の変え方ではなく出し方を教えてくれた彼らはもう私のそばにはいないが、感謝している。他者に安心してもらえる理由のこしらえ方を覚えると、また別の問題が生じてくる。それが「何故、好きなのか」という質問に対する答え方だ。

好きの理由は大変手強い。好みは人それぞれに加え、伝える力と受け入れようとする聞く耳がないと、「私には理解できないものが好きな人」として印象に残り、距離が生じてしまうのだ。好きなものが何故好きなのかを伝えるのは、「共同作業」であることをここに伝えたい。だから私は、できるだけ「好きの理由を話すけど、一緒に想像してくれるかな」と思考のスタートラインを整えようとする。面倒くさがられても、する。こんなことをやっている時点ですでに距離ができて嫌われかねないのだが、好きを語るこちらも必死なのでご理解いただきたい。

lot#15 芳香への欲求

こんな噂がある。

「とあるいにしえの極めて安価な保湿クリームと、舶来の高級化粧品会社が販売している保湿クリームとはゼロが2つばかし違うらしいが、中に入っている成分は、ほぼ一緒らしい」

いったい誰がこんな噂を広めたのかは分からないが、美容に興味のある方、美容関係の仕事をしている方に聞くと、「あー。それ私も聞いたことある。本当だったら衝撃だよね」と、ご存じの場合が多い。この噂が実証されることは双方の会社で「ウチ、こんなの使って作ってますが」と成分を現在表示されている以上に細かくわしく発表しない限りは難しいとは思うのだが、何とも夢のある話だなぁと聞くたび感じる。高いほうを作る企業からすればたまったものではない話だろうが。

ともあれ高いほうは手を出す気にはなれないため、「いにしえ」のほうを薬局で購入し、「成分は一緒。だから効果もおんなじさ」と我が身に暗示をかけながら、毎夜皮膚に擦り込んでいる。ここで生まれる感情は、「お高い値段で売っちゃってさ」という高級化粧品会社の値段に対する突っ込みではなく、「この安いほうはすごいぞ」という企業努力の成果を讃える気持ちである。あくまで多くの人が知っている噂にすぎないが、今後も「いにしえの保湿クリーム」とは変わらぬ付き合いをしてゆきたいものだ。

「類似品」というと権利がどうのこうのと面倒な香りが漂ってくるが、「プライベートブランド」となると話が変わってくる。「特定のコンビニやスーパーが、そこのお店（系列店も含め）だけで販売する商品」であるならば、「こういう世界もまた競争なんだな」と受け入れることが可能だ。しかし、中には見間違えるような「そっくりさん」もいる。メーカーの既製品として、あらゆる店で販売されている商品の隣に並ぶ「プライベートブランド」まではいいのだが、既製品と明らかにデザインを似せて作られたものもあり値段は安く提供されているが、「……そっくりじゃないか？　本家は知っているのだろうか」と心配にならずにはいられないような商品とも出会ったりする。プライベートブランドと既製品が仲良くとなり合い、棚に並んでいると、ついデザイン等のまちがい探しをしてしまう。これもまた買い物時の楽しみの一つなのだが。消費者としては、既製品とプライベートブランドとが切磋琢磨するが如く良質で安価なものが生まれ続ける……そんな今の環境にあやかりながら、しっかり審美眼を鍛えていきたいところだ。

以前スーパーで買い物をしていて、「あ、これ安い。あれも安い」と安価であることに重きを置いて買い物カゴに商品を入れてレジに持っていったら、カゴの中身がほぼそのスーパーのプライベートブランドに占領されていた。家計は確かに助かるが、この状態が良いことずくめではないような気もする。会計をすませバランスの良い消費者になりたいものだとオンボロ自転車をこぎながら、スーパーを後にした。

堅実な買い物を心がけている日常をここまで語ってきたが、「安価なものが無い商品の世界」というのが存在する。つい数ヵ月前、そこに片足を突っ込んでしまいそうになった。「バスオイル」という、良い香りがする風呂に入れる専用の油（泡立ったり湯の色が変わったりもする）の世界である。

あの市場は「誰でも気軽に」……という優しさが少ないと思うのは、私が「バスオイルの世界慣れ」していないせいだろうか。香るものが好きな私にとっては魅力的だ。しかし、とてもじゃないが買い物カゴにポイと入れられるような商品に感じられない。そもそも買い物カゴが置いてあるような場所にそれらは置いておらず、販売形態もほぼウェブのみという間口の狭さ。芳香への欲求には逆らえず比較的安いものを購入し、「これを使えるのは今だけ。仕事が無くなればこのようなぜいたく品は使えなくなるんだ……」と念じながら、週に2回という頻度で恭しくバスタブに垂らしている。やめられそうにない。

竹河

結局、何が幸せかなんて誰にもわからない——

眠くて仕方ない

lot#16

20代の半ばから30代初めにかけて、「眠い」を理由に2人の男と破局している。

1人目は、旅行やドライブ時に私がホテルでも車内でも寝てばかりいると指摘されて別れた。「寝てばかりいるのは、夜、僕に言えない仕事をしているんじゃないか？この嘘つき女」と言われたので、私の脳に隠してあった「もうやってられるかスイッチ」が密やかに入った。言い訳もせずそのままその男のもとを去った。謝罪は受け付けなかった。2人目は、朝起きてすぐの求愛があまりに激しかった。朝早いから、疲れているからというやんわりとした断りを無視してでも……という強引さに1人目の男の時と同じスイッチが入った。彼らは口を揃えてこう言う。「一緒にいる時間を無駄にしたくなかった」と。当時の私には、それが愛情の表れよりも「元をとるまでしがみつくビュッフェ利用者」にしか見えなかった。

無論、彼らだけが悪いわけでもない。20代半ばは、私も就職氷河期に就活を自ら放棄し、周囲の同世代から随分後れをとっているように感じ始めた頃だった。自活するためにに遅れればせながら仕事と向き合い、社会に追い付いていくことを優先した。そのため、日々の生活で自分本意になったり、彼氏に対してそっけない態度を取ってしまったかもしれない。仕事、人生、恋愛と「同時に考えながら動くこと」が苦手な私にとっては、手一杯だったのだ。そして何より、いつも眠かった。一緒にいたい気持ちより眠気を優先していた私は、彼らに対してさぞかし冷たい女に見えただろう。恋人同士が破局する理由なんて浮気や金銭問題が大きなところかと思っていたが（あとは男が働かず暴力を振るうとか）、まさか自分が眠気を理由に破局するとは……。しかも2回も。

今思えば、優先することとは何かを諦めることでもあるので、当時は恋愛を休戦すればよかったのでは、とも思うが、誘われて嬉しかった感情は抑えられなかった（今も大して成長していないが）。浅はか真っ盛りの時代を経て今があるので、当時の自分を責めてばかりいられないのもまた事実である。

30代半ばになれば眠気は落ち着く、いつも眠いなんて無くなる……そういった周囲の説を励みに現在も生きているが、一向に眠気が抜けない。移動中の車内はわずかな時間もうたた寝に使い、休みの日はまず睡眠時間を確保することに重きを置く。10時間以上寝て、更に午睡（午後にとるので間違ってはいないだろう）まで取ろうとするので、休みはあっという間に終了する。ある日の休みなどは14時間ほど床にいた。猫の睡眠時間と同じくらいだという。途中でトイレに起き、猫や熱帯魚に餌を与え、また目覚ましもかけずに眠れる幸せを噛み締めて毛布をかぶる。外が明るくても罪の意識などない。夜遊びや散財のような悪いことしてないし、と開き直って遮光カーテンをそっと閉め直すのだった。

このように怠惰な生活をしているので、当然、今、男は寄り付かない。先日も珍しく寄り付いてきた男の連絡を寝過ごしてスルーしてしまい、「朝寝坊の女は嫌いだ」と言われたので、「そうですか、ごめんなさい。じゃあ早起きの人を探してください」と言い返した。30過ぎて子供じみた喧嘩をいまだにやっているのだ。モテるわけがない。

一体、いつになったら6〜7時間の睡眠で満足できる年になるのだろうか。それまでこれも個性と諦めて付き合うべきなのか。

以前読んだ漫画で「眠りながらは争えない」という台詞があった。その通りである。寝てばかりの人間に、他の者を出し抜こうとか周囲の和を乱そうなどという発想がどんどん浮かぶだろうか。少なくとも私は、自分の睡眠を悪巧みより優先するだろう。出世するには寝ないことだとも説かれたビジネスマンもいるようだが、出世欲など始めから無い。仕事中の眠気はスパイスやカフェインなどでごまかして、それ以外は眠って無抵抗を主張しようかと思う。睡眠に関わること以外の売られた喧嘩は、買いませんと。

使い物にならない個性

lot#17

「何ができるの?」

その昔、とある「DVDメーカーの社長」とやらに面談で聞かれたことだ。彼は金のことしか考えていなさそうな雰囲気があったが、その一言で私の予想は確信に変わった。「何ができるの?」というのは、「Tバックをはいて手で胸を隠す、透けてる衣装を着る等、どこまで露出できるのか。返答次第ではウチのメーカーからは出しませーん。もうけになりませんもーん」ということだろう。被害妄想な性分の私には、「ババアがもったいぶるな」という社長とやらの心の声まで聞こえたのは、思い過ごしであってほしかった。

しかし、こちらも新人で、営業に行けば門前払いは当たり前だったため、DVDメーカーの人間と面談までこぎつけていること自体がありがたかった。質問に特に曇った顔もせず、「そうですね、撮影監督と事務所が相談しながらがよいのかと思います」と回避の台詞を吐いた記憶がある。イメージDVDを出して写真や2ショット写真等の特典をつけ、イベントを通じファンに購入してもらい、その映像を写真にしたものを雑誌に掲載し、知名度を上げ制作費を回収、回収の中にはこちらの給金も含まれている。グラビアタレントがイメージDVDを出す、ということはこのような流れで人も金も流れているのだ。例外もあるかもしれないが。

イメージDVDを撮影していると、特技や趣味を披露して個性をアピールする場面も組み込まれるときがある。若くてグラマーな女の子なら、「フラフープ得意です」や「ブリッジできます」等で問題ない。鞄の中身や撮影時に宿泊している部屋を撮影して、私服や私物を披露する子もいる。オフショットとして休憩中や移動時のひとコマを撮影し、臨場感を誘うという方法もある。

当時は、私も撮影時に趣味、特技を映像にすると言われ、「30過ぎだが何とかなるだろう」と思っていた。しかし、主な趣味が日本舞踊とチラシを眺めること、特技に至っては掃除と昼寝という画像にしにくい行為ばかりを持った女は、使い物にならないことこの上なかった。結果、個性を出すより肌を出すことが優先され、「みなさんこんにちは」から始まるような「特に露出はないがファンに語りかけるようなシーンが『お好きな方』にはたまらないコーナー」は限りなく縮小された。山間での撮影時に、カマキリを捕まえて手のひらに乗せ戯れるというマニアックなオフショットシーンは存在するが……これもカマキリと出会わなかったら、そして私が虫に触れなかったら叶わなかったので、貴重な映像だと思っている。あのカマキリ映像、少しは個性の披露にはなっただろうか。

今までは宣伝材料などにあれこれ書いたほうがいいのではないかと思っていた。しかし、現在趣味と公言している日本舞踊は踊っていないし、調理師免許を持ってはいるが甲斐甲斐しく作るような相手もいない。……見直そう、と改めて思う。趣味は「好きなこと」だ。猫を撫でる、熱帯魚を眺め世話をする、日記を書く、自転車で買い物へ行く、チラシを見る……これでいいじゃないか。特技は「得意なこと」だ。気配を消す、ずっと寝ていられる、必要な物まで捨ててしまう……3つもあれば充分だ。何も「自分にとってプラスになること」だけ挙げなくてもいいだろう。まずは自分を知ってもらうためのプロフィールなのだから。

チャンスを貰ったこともあった。しかし、自分で自分を売り込めない性分ではその好機もモノに出来なかった。加えて交渉も、プレゼンテーションも、人を掌握する才能もない。ならばせめて相手に「変わったヤツ」と思われ、「話をしてみたい」という気持ちに発展させられればいいのでは、と思う。

さて、「すぐ乗り物酔する」は特技に入るだろうか……。

lot#18

空気の読めない女

よく、「もてる」か「もてない」かの話で盛り上がろうとする場面に遭遇する。

「もてるでしょう」

「いえいえそんなことないです」

「またー。謙遜しちゃって」

「ホントなんです。全然もてなくて」

……お決まりの会話の流れが繰り広げられていく現象を見たこと、あるいはその現象に巻き込まれたことはないだろうか。ここらでひとつ改めて「もてる」を一から見つめ直してみようではないか。

「もてる」とは「多くの者からちやほやされ、好かれる」という意味があるが、その一方で「特定の者から好意をよせられる」の意があることも忘れてはいけない。多くの人に好かれても、特定の人に好きだと言われても「もてる」は「もてる」のだ。

そうなると私の場合は、水商売時代はヘルプとしてホステスの姉様方に可愛がられ、デビューしてからは何かとファンが支持してくれた。いつも面倒を見てくれるスタッフもマネージャーもいる。友人は多くないほうだが昔の学友とは少し交流もあり、家に帰れば猫がすり寄ってくる。……なんだ、もてるじゃないか私。

「もてる」という言葉のハードルを下げて心にとめ、「もてるでしょう」「いやいや」の会話のやりとりをお愛想のようにやり過ごす……これぞ秘技「もてるもてないの括りで自分を見失わない」の術としてここに記しておく。言葉の意味を広く捉えれば、「もてる」のせいで精神的な迷子にはならないだろう。「もて方」を伝授する雑誌にとっては良くない話かもしれないが。

ところで誰のために何をするのか……最近ようやく立ち止まって考えるようになった。仕事は自分の生活のためだが、壇蜜でいることはファンのためでもある。今生きていることは、自分と自分を支えてくれる人々のため。身綺麗にしておくことや私生活を華美にしないよう注意して過ごすことも、次の仕事とファンのためだ。私のタレント性と派手な私生活は相性が悪い。雑誌の袋とじで孤独に佇んでいる姿が支持されたのだ。この姿を偶像だと言い切り、仕事を離れたところで覆すことは乱暴だし、私の性に合わない。この時点で生活行為がかなりの割合で「ファン」を意識していることになる。極端に言えば、「時々誰かに抱かれても、それに罪悪感を感じながら粛々と仕事をしている」くらいでないといけないとすら感じる。

「特別ぶるな」と言われるかもしれないが、この世界に住む多くの人は、裸の写真を雑誌に掲載しないし、会ったこともない人にはげしく嫌われたり好かれたりもしないだろう。少なくとも私にとって「特別」とは、「特別に選ばれたから優遇される者」なのではない。「特別に選ばれたから、普段は世間の邪魔にならないよう生きる者」なのだ。そういう意味での「特別」だ。クローゼットを開けて紺とグレーのみが目立つような地味な私服のラインナップを眺めながら、ああ地味だ、これでいいのだと頷く。

人との出会いは巡り合わせなので、いつか私もフィーリングの合った人と添い遂げる日が来るかもしれない。もしくは、「一人でいい」と思ったまま生きていくかもしれない。今はどうなるか分からない。「時々誰かに抱かれて……」なんてまだ言っているうちはいいが、ずっとそういうわけにもいかないことも承知している。年を重ねて人の助けが必要になってきた頃には、私のそばに寄り添っていてくれるような人々から「もてて」いたいものだ。

最近、「看取ってくれる人がいたら、きっと安心できるな」と考え始めた30代半ばの女は、「もてる」を「今の私には私生活内で恋愛感情を向けられるような、『もてる』現象があっても得るものなし。むしろいろいろ失う」と解釈し、冷めた視線で「空気の読めない女」の称号を待っている。

lot#19 達者でいたい

独り暮らしをはじめてから、母の私に対する過保護っぷりが少し強くなった気がする。引っ越しの際は、「ゴミを一気に出すと、引っ越しに気づいて変な輩がゴミを持っていくかもしれない」と言い、実家にゴミを分けて持ち帰って捨てていた。母が祖母のいる秋田にいる際は、たとえ日帰りでも「誰にお土産を送ったらいい？　お母さん今、お土産屋さんにいるの。こういうのはちゃんとしないとダメなのよ」と、ライブ中継の如く電話やメールが来るほどだ。

彼女の中で私は、今も昔も「大切だが、頼りの無い一粒種」であり、自身の分身なのだろう。壇蜜になってからは一番の応援団員でもある。そのため、私の動向が気になりすぎて噂の域を越えない報道をちょこちょこ耳にしては、「ねぇ、駐車場経営って本当なの？」「アナタ、あっちこっちで共演NGを出したり出されたりしてるの？」と真顔で聞いてくる。嘘の報道だと伝えると、「嘘なのね？　あなたも気を付けなさいよ。常に見張られているんだから」とため息混じりに締めくくる。そこは娘を擁護しないのかと拍子抜けするのだが。

それにしても、いつも見張りがいるくらい私の動向というのは影響力があるのだろうかと思う。何かで「儲かっている」や、何処かに「目をかけられている」、はたまた誰かと「仲が悪い」あたりの話題なら、「下品で実力ないくせに……」云々と悪態の対象にもなれるかもしれないが。壇蜜というタレントは「叩いてスッキリ」の対象物でもあるので仕方ないといえば仕方ない。

父も母も一人っ子の私には随分と甘かった。挨拶や服の畳み方、口の利き方などは熱心に指導されたが、「勉強しなさい」とはほとんど言われなかった。お小遣いもなく、欲しいものは自己申告。けた違いに高いものでなければ買い与えられていた。そうなると「体に良くないから」「大きくなれないから」という理由でなにかを禁止されたこともない。強いて挙げるなら、小さい頃はじんましんが出やすかったので、チヨコや干し肉などを「痒くなるから少しにしなさいね」と言われた程度だ。共働きでかまってあげられない部分を、禁止事項を減らすことで補っていたのかもしれない。

私は私でどこから教わったのか、「両親共働きなのに寂しがらずに、おばあちゃんと生活できる私ってクール」と、勝手に自分を評価し斜に構えていた。その結果、好き嫌いは多少あるものの「無理して食べたりやったりしてもねぇ」と、あえて健康や美容のために良いとされている「無理め」の習慣に背を向けるようになった。運動や健康食に興味を持てないままここまで生きてきたので、「美容のために気を付けているこことはありますか」等インタビューで聞かれ、「いやいや、気を付けていたらもっと綺麗になっているか、己の容姿に限界を感じてとっくに身を引いているでしょうね」と、とんでもない答えを出すような大人になってしまった。

最近になってようやく、過保護の経緯や自分の生活に対する意識の流れを理解しはじめた気がする。著しく体を壊したわけではないが、親も60を過ぎて私も30代半ば……体に障ることをすれば、「いつも通り」を取り戻すまでに20代より時間はかかる。何でも影響を考えて暮らす……。これからはずっとそんなことを考えて生きるのかと思うと滅入ってしまうが、達者でいることは何よりの、いや、せめてもの親孝行だろう。

まずは、風呂上がりに冷たい清涼飲料水を牛飲するクセから何とかしなくては。でも最高に美味いのだ。長湯、冷やモノのあとに腹巻きをして様子を見ることにしようか。やめられないんだな、これが。

友達がいない

lot#20

中学生のころ、英語の授業が二つに分かれていた。一つはテキスト通りに文法や語彙を学んでゆく、いわゆる「THE授業」のような時間。もう一つは、海外の先生が会話や発音を指導してくれる「英会話」の時間。どちらも週の時間割の多くを占め、なかなかの進行速度で繰り広げられていた。

ついていくのがやっとだったが、宿題もきっちり出されていた。特に英会話の授業で出されるものは、精神をえぐるような曲者だった。いわゆる「あちらの国」出身のB5サイズのテキストが使われ、問題文から全て英語。小さなイラストつき（毎ページ文章の内容がモチーフ）の長文が1ページ、それを読んで問題文が5問ほど書いてあるもう半分のページに取り組むというシステムだった。

通称「読解」、当時……いや、いまだに英語の長文なんてゴメンだよと思う私には大変なものだった。辞書片手に単語を訳し、つなげてゆく。途中で単体の言葉なのか、はたまたいくつかの言葉が組み合わさった熟語なのかも分からなくなり、幾度となく文中で迷子にもなった。つぎはぎだらけの英訳が日本語として機能するわけもなく、小粋なジョークまでおカタい日本語訳をあて、もはや意味不明の呪文の書を作っているようだった。13歳だか14歳だかの脳みそは遂に沸騰し、近所に住む年上のお姉さんに助けを求めた。

彼女は英語が堪能で、調べた単語を魔法のようにつなげて「こういう話だよ」という説明をしてくれた。かいつまむと「ジョアンは平日はバリバリ働く秘書。彼女には友人が多く、休日の多くは友人とクライミングやバーベキューをして過ごします。友人たちと過ごしていると休日はすぐに終わります。彼女は思いました。休日はいらないかも、と。『だって休日って、すごく疲れるものじゃない?』」という内容だった。気が滅入りそうになる長文の下には疲れてソファに寝そべる女性……こんな簡単な話だったのかと膝から崩れるほどのショックを覚えた。お姉さんの助けを借り何となく読解に対する取り組み方のコツを体得し、つぎはぎながらも問題は間違えないようになっていくのだった。

私はここで悟った。友人の多さが有意義さ、充実さに繋がるものではないんだと。このジョアンの一件以来、彼女のように「友達多い自慢」をする者とは仲良くなれないと推測、「友達たくさん作るぞ」という世間の風潮から、一歩ずつ引いていったのだった。その結果、付き合いの悪い薄情者として見られるようになるのだが。

現在、仕事で交流する人々も仕事以外で交流する人々も、連絡先の交換すらしない場合が多い。その場限りのお付き合いや、大家と店子といった関係で終わる。「タレントは孤独な商売」「つるんだっていいこと起きない」とはうすうす感じていたので特に何も思わないが、時々でも気がねなく会えるような知人が居てくれたら、生活にも張り合いが出るだろうなとも考える。いくら親しくても何でも話しすぎると、なあなあになってしまうので注意が必要かもしれない。しかし、大人の女2人で行く温泉やプールや健康ランド等、きっと楽しいだろう。何故か水場ばかりを想像してしまう……。もしかすると、今挙げたような「裸の付き合い」を無意識に楽しみにしている節があるから、自然と「コイツと繋がったら危険」な雰囲気になってしまったのかも

いたい場に入場そこにあるから施設も浴場らいりづ入では一人、で好きが風呂、ただ
しれない。

……ただ、それだけなのだ。このような願いを抱く女性はいないのだろうか。私だけではないはずだ。まずは純粋な風呂好きということを広めなければ。

lot#21
数字に弱い

目も悪ければ頭も悪い。ついでに言えば間も悪い。……あちこち悪くて自分でもため息が出てくるが、とりわけ数字には昔から弱く、「算数」の時点でつまずいていた。「21－4」のような一の位が簡単には引き算できなくなってきたらもう大変。「十の位から1を借りてくる」という意味不明な言葉が、長いこと理解できなかった。

学校で教えきれない分は家で親に教えてもらうのだが、母も父も私の理解力と計算力の無さに驚き、がっかりしていた。「誰に似たんだろうね」と両者に別々の機会に交互に言われたときは、さすがに泣きそうになった。「悔しいという感情が芽生えたら、負けるもんか、とがんばるのよ」と母に言われても、理解できないものは励んでも身にならなかった。「頑張るって何を頑張ればいいの？」と涙ながらに聞いても、納得できる答えは返ってこない。３年生か４年生になり、クラスメイトが80点取れるような算数のテストで半分にも満たない点を取った時は、「いっそ死んだら許してもらえるかな」と、帰宅途中に思い詰めるほど落ち込んだ。中学生になり、勉強を教えてくれる先生や近所のお姉さんが現れるまで、クラスに馴染めない＆勉強できない日々を過ごしていた。

学校は「帰るとき」が一番楽しみだったあたり、重症だったのかもしれない。おまけに髪型はウォーズマンのようなヘンテコショートカットで、前髪が額に重くのしかかっていた。「勉強できないし、喋れないし、髪型がウォーズマン……あの子、何か変だ」と思われないわけがない。加えて無表情のせいか頑張りが顔にでないタイプだったので、損もしていたかもしれない。だから現在は、無表情の人ほどよく動向をみて理解しようと心がける。そんな経緯もあり、現在も無表情の者に出会って即座に「覇気がない。やる気あるのか」と決めつけている失礼な者がいると、「滅びればいいのに」と念じてしまう。こちらも無表情で呪うので分かりにくいかもしれない。

このように数字に苦手意識があるまま大人のオバサンに進化した。オバサンは「定価の25％引」や「前年より3割2分上昇」、「1817円のものに幾ら払えば5円だの100円だのキリのいい数字が返ってくるか」など、生活する上で暗算や込み入った計算（私にとっては）が必要となると、今でも妙に緊張する。携帯電話の電卓機能を駆使したり、他の人にさりげなく確認したりと必死である。己の脳内計算に頼ったばかりにミスをした、なんてことがないように善処することで精一杯だ。なんとも情けない。

数字に自信がないことを自ら理解した上で、「自由気ままに振り撒かれる割引券やクーポンには用心しなくてはいけない」というのが、私にとっての「数字との付き合い方」の最重要項目でもある。「〇〇円以上お買上の方には〇％割引」という言葉を聞くと、「じゃあ〇〇円になるまで何か買わなきゃ」と買い物の欲求が無理矢理強化されるからだ。

溢れるように存在する割引の恩恵をみだりにうけることは節約ではなく、「割引のための消費」なのかもしれないと、最近よく考えるようになった。サービスする側も、顧客獲得と顧客満足のために常に戦略を練っているだろう。必要なものを必要なだけと律せないほどに、モノとサービスが溢れている世の中はありがたくもあり、少し怖くもある。

値引きの激しいサービスを見たとき、一旦その場を離れて一人になる勇気も必要かもしれない。その間に「ぜんぶ売れちゃいました」という悲劇が起きても大丈夫だと思っていただきたい。この国にはモノが溢れているのだから。

lot#22

褒められ慣れていない

以前、漫画でこんなシーンを見た。

女性が前々から憎からずと思っていた男性に、女友達が出来た。あまりにも仲が良いので、「付き合っているのではないか」という噂まで飛び交うが定かではない。噂があっても男性は女友達にも女性にも優しい。何となく面白くないと感じた女性は男性に花を贈り、花言葉を調べるよう促す。ただのプレゼントではない。その花には花言葉で「何て器用なの」という意味があった。しかし、花言葉を調べた男性は喜ぶ。「俺って手先が器用だから（漫画内でも彼は繕い物が得意というシーンをよく見かけた）、彼女それを褒めてくれたんだ」と。無論、女性は褒めてなどいない。「あっちもこっちもいい顔して、器用な男ね」と言いたかったのだから。

この話を読んだ時、私はまだ10代だった。話中に出てくるこの男は一見冴えないとぼけた若人だが、「俺って器用だから〜」と思ってしまえる天真爛漫さに2人の女たちは惚れたのだろうというのは10代にも理解できた。そして、こういう男に若いうちから振り回されたらたまったものではないから、出会うのなら極力分別つく大人になってから出会いたい……とも願った。結果、このような天真爛漫な男に一度だけ出会ったが、その出会いは今現在、実を結ぶことなく消滅した。壇蜜になった矢先の話だ。

右記のような話は、「褒めてないのに褒められたと勘違いして浮かれる」という日本人にしては珍しいエピソードだ。しかし、現実はどうだろうか。私もそうだが、この国に住む多くの人々が「褒め」に慣れていない。褒められることも褒めることも苦手のようだ。でなければ、「褒め方」についてのハウツー本がコンビニの本売り場でもカジュアルに売られていることはないだろう。しかもワンコインで。褒められたら謙遜で返すこともさじ加減が難しく、会話の流れを滞らせかねない、そんな手間を省くために褒める褒められるを好まない風潮が出来た……そんな話も聞いたことがある。褒められるなんて照れるし、第一、面倒くさいという意見もあるようだ。本気か？

どれほどツンデレなのかと驚くのは私だけだろうか。

今でこそ「愚息」や「愚妻」なんていう言葉は乱暴に聞こえるが、一昔前は「身内を他人の前で称賛するなんてとんでもないことだ」という考えがあった。そのため、これらの言葉が生まれ、常用されていたのだろう。「褒められる」という行為に縁遠いまま育つと、大人になって褒める褒められる行為に違和感を感じモジモジしてしまう。身内を褒めることは、結果、自慢になるので他人を褒めることとは違うという意見もあるとは思うが、身内でも他人でも大きく偏ることなく、「まんべんなく褒められる」者には人間関係の波風が立ちにくいのではないか。

最近、我がマネージャーから、「褒められた際に、嬉しいけど大人として有頂天になるのはみっともない。だから俺はこうやって切り返して『褒め』と向き合う」という話を聞いた。彼いわく「褒められたら、『おかげさまで』と言う」ことが有効である、とのこと。確かに何処にもカドは立たず、言われた相手も嫌な気はしないだろう。「私が褒められるような者としていられるのは、あなたのお陰でもあるんですよ」という意味を含んだ「おかげさまで」なのだから。

ちなみに、外国の方に褒めてもらったことがある。ある場所では「グラビアがホットでいいね」と言われ、また違う場所では「顔立ちがクールで好きです」と言われた。嬉しかった。真逆の表現だが、どちらも褒めていることには変わりない。ホットなグラビアをクールな出で立ちで提供するなんて何ともカッコいい。ホットとクールが慢心でぬるま湯になってしまわないよう、これからも精進していきたい。

lot#23 思っていたのと違う

初めて異性とデートしたのは大学に入りたての頃だった。

高校生までは校則も厳しく、「雑誌に載ったり、異性と付き合うことは悪いとは言っていません。しかし、それらは我が校の生徒としてやっていいことですか悪いことですか？　それを考えてください」と教師たちから言われていたので、デートどころではなかったのだ。無論、「悪いとは言われていないなら」と解釈し、読者モデルになったりデートをしたことが発覚した生徒は、全校生徒の前で泣きながら反省文を読むことになるのだが。

そしてここからが厳しい。泣いて謝っても終わらない。生徒会等の役職があるものは剥奪され、「ヒラ生徒」としての生活を余儀なくされることになる。ちなみに反省文の公開朗読を断ったものは、退学を要求されるらしい。禁止されていたアルバイトがばれて、こうしたペナルティを喰らう前に自主退学した……と噂のクラスメイトがいた。彼女とは仲が良かったので驚いた。突然いなくなった彼女の席を見つめながら、「私は自分の学校しか校則の詳細を知らないが、厳しさではどの学校にも負けないのでは……」と思った。ここまで厳しく生徒を律するには、いろいろな背景や確固たる指針があってのことだろう。校則は厳しかったが、楽しいこともたくさんあった。私がこの学校を母校と公言し、壇蜜として仕事をしていることは学校にとって風評被害、迷惑千万でしかないと思われるが、この学校に通わせてもらえたことは親にも教師にも大変感謝している。そんな内部事情もあって、大学に進学するまでは、デートなどもっての外だったのだ。

　初デートの相手は「友人のバイト先の20歳の先輩」だった。友人が持っていた私のプリクラを先輩に見せ、是非会ってみたいという要望があったらしい。「どうせ暇なんでしょ。いいじゃん。ちょっとだけ」と言われ、なぜ暇だと決めつけられるのか疑問に思いながらも誘いに応じた。相手は私の顔を知っているが、私は相手の顔を知らないまま……という状況で待ち合わせをした。駅前で待っていたら声をかけられ、カフェと映画へ行った。各場所でお会計時に言われたことは、「初対面だから割り勘で」だった。意味はよく分からなかったが、当時18の私は思った。「思っていたのと違う」と。

期待しているから「思っていたのと違う」と感じたのだろう。もっと盛り上げて、おごられて、笑わせてもらえると勝手に夢見ていたのだ。その人とは一度きりのデートだったが、その後も「相手」を替えて、数回デートを繰り返しても状況は似たり寄ったりだった。

その後、早々に「こりゃ私、チヤホヤされる容姿や言動が根っから備わってないな。仕方ない。異性に期待するのはやめにしよう」と考えを変えた。ねだらない、甘えない精神を着々と備えていくことになる。アルバイトの時間を増やし、「仕事していれば何とかなる」という気持ちを養うと同時に、「私は知り合いの期間が長くないと恋に発展しないタイプだ」という傾向に気づき、「知人の紹介」でいきなり「彼氏候補」からスタートするから盛り上がらないのだという結論にも達した。フィーリングが合う相手は自分で探した人に多い……と分かってからは紹介に頼ることなく、恋愛に対し「恋してなきゃ女じゃない」なんて急かすような女性誌のうたい文句を尻目に、のんびりとした気持ちが持てるようになった気がする。

　若い頃のお互いにぐだぐだな、理想とかけ離れたデートをした帰り道に、「カッコ悪いなぁ私」と感じていた気持ちは今でもしっかり心に残っている。あの時払ったお金は、今、偉そうなことを言いながら本など出版している更にダサい自分になるための準備金だったのだ。

昔の傷跡

lot#24

私の家の近くには学校が多い。スクールゾーンに住居を構えていることを公表し、治安のいい場所に住んでいる環境を自慢したいわけではないが、朝は児童や学生が集まる賑やかな時間、夜は寝静まるのが早い静寂の時間……これらが分かりやすく混在する環境は、メリハリがあってありがたい。

もはや自分の生活だけでは曜日感覚、時間感覚をずっと保っていられるかどうか不安なくらいに公私ともに送っているので、学校の存在に助けられている面もある。学校にはグラウンドがあり、児童や学生が体育の授業や部活に精を出す様子も見かける。いくら女とはいえ、グラウンドの様子をしげしげと覗いているのも不審者扱いされそうなのであまり立ち止まって凝視はしないが、「体操着姿で体を動かすような照れくさい環境は今だけだ。青春するのだぞ」と心で呟きながら、つい見守ってしまう。そんな大人はきっと私だけではないだろう。自分も昔は学生で、同じように部活だ体育だで嫌々ブルマをはき、寒いだ暑いだ言いながら気だるく動いていた。それを棚にあげ、「青春しろ」とは随分勝手な話だが。

そんな青春の舞台でもあるグラウンドで部活や試合中の学生を見ていると、気づくことがある。「随分と水分補給の時間と環境が整っているな」と。例えばサッカーの部活動を見ていても、グラウンド脇の花壇や植え込みのある日陰付近に給水所のような施設があり、いつでも水分を摂れるように配慮されている。部員もまた「マイ水筒」を持ち補給している姿もよく見かける。

この環境を現在の40代50代の人々、特に野球やサッカー等の部活動でしごかれたことのある男性陣に話すと、決まって驚かれる。彼らは口を揃えて言う。「俺らの時代、部活動中の水分補給は一切禁止だったよ。水飲むと疲れるからって」と。どうやら彼らの青春時代は水分補給が良しとされず、「いいパフォーマンスのためには水は敵である」という、無茶苦茶な理念がまかり通っていたらしい。少し後の私の世代もその余波を受けていたようで、水分補給は絶対だめとは言われなかったが、推奨はされていなかったことを記憶している。急に今日のように「いつでも水飲んでいいよ」という環境になった背景と理由は謎だが、今の彼らの環境がマトモなのだろう。昔がちょっと極論すぎていたのだ。

ちなみに40代半ばの我がマネージャーは元野球部。「水分補給ダメ、ゼッタイ」論真っ盛りの中、炎天下で何時間も練習していたらしい。「それでも誰も倒れなかったんだよね。熱中症なんて言葉も無かったし」と語る。時代は変わるものだ。

水分補給の問題にしてもそうだが、「昔は良しとされていたことが今になってあまり良くない、出来たらこうしたほうがもっといい」という当時の信仰や苦心を軽く踏みにじるような情報改正ムードに遭遇したとき、どんな思いで受け入れたらいいのかいまだに分からない。ケガをしても「傷口は無理に乾かさず、湿潤させながら治すほうが跡になりにくい」と急に言われ、風邪をひいたらお風呂に入っちゃダメだと言われていたが、「汗を流し体を清潔にするために状況によって入ったほうがいい場合もある」など、「昔やっていたことは何だったんだ」と悔しさがこみ上げるが、ここはぐっと堪えて、思い出話程度に後生に語り継いだほうがきっとよいのだろう。

情報の変わり目に自分が存在していられたことにラッキーと思わなくては自分を保ってられないよね、と己を慰めながらも、ついつい体に点在する「無理に乾かして治した傷跡」を眺めるのだった。

これもまた歴史の証明、青春の「ひとコマ」ならぬ「ひとキズ」である。

頼みごと

lot#25

今も昔も、頼んだことを聞いてもらえず、再度お願いすると「しつこい」と言われたり明らかに嫌そうな態度をとられたことがある。頼んだ側の私が、「頼みを聞いてもらえない」際に、もう一度要求を口にするのはちゃんと訳あってのことだ。聞いてもらえないことを不服に思っているからではない。……まあ不服も少しあるが、一番の理由は「もしかすると忘れているのかな」という相手のうっかりをフォローしたいがために再度言うのだ。

しかし、言われた側はそうは受け取らない。「また言い出したよ、しつこいな」と言わんばかりに話を逸らしたり、不機嫌な態度に出たりする。教えてほしいことを教えてもらえなかったので、「話題が被っていたらごめんね」や「こないだ聞いたことなのかもしれないけど……」と男が運転をしている際に視線を合わせぬまま、ご機嫌うかがい全開の出だしで質問したにもかかわらず、バンっとハンドルを叩かれ、「あのさぁ、君が喋るからナビの声聞こえない。運転中だからあとにしてくんない?」と言われた時は、本当に生きた心地がしなかった。

金銭面でも、相手の有無を言わさぬ態度に面食らった経験がある。学生時代アルバイトしていた個人経営の居酒屋では、給料は毎月15日に現金手渡しだった。しかし1年ほど勤めて、15日にこちらからなにも言わずに給料が出てくることはまれだった。同じアルバイト先の先輩からは「催促しないで待てば大丈夫だから」とあらかじめ聞かされていたものの、数日後に「ごめんねぇ。ついつい忘れちゃって」と渡されることがほぼ毎月という事態は、ちょっと異常だしハラハラした。「毎月のことを忘れているわけないでしょう」とは言わなかったが、仲のいい先輩の助言がなければ、オーナーに何か口出ししておかしな事態になっていたかもしれない。

当時のアルバイト先の経験から、「時には我慢と経過観察が必要だ」という考えも身に付いた。しかしそれだけでは自分が得られる情報量がどうしても少なくなり、いろいろな未来に備えられない……という悲しい事態に陥る恐れも出てくる。こちらも強気にしつこく要求や確認を繰り返せばいいだけの話、ということは百も承知だ。それにこのような仕事をしているからには無視されて嫌われることにも慣れているので、これ以上嫌悪されても怖くなんかない……と強がる反面、心のどこかで「ただ聞いてなかっただけ、忘れてるだけだったらいいな」という「その人が故意に私の言ったことを反古にしたわけではない」という毛ほどの可能性を信じていたいのだ。最初から「こいつは私を嫌っている、話を聞きもしないし無視するだろう」……なんて思いたくない。いろんな人がいるから嫌われても仕方ないとは常に諦めているが、好き好んで嫌われたいわけなかろう。

　嫌われたくないと感じてしまうと、当初より態度が萎縮してしまう。相手はきっと萎縮した姿によりイライラして話を聞いてくれなくなるような気がする。下手《したて》に出れば、出ただけ相手の癇に障ってしまったという経験からもいえることだ。私の下手に出るやり方が下手《へた》なだけかもしれないが。

　まずは自分が聞きたいことを聞き、そこから得られる平安を先に見据えることだろう。結局、自分の仕事、生活に関わることは自分しか管理できない。聞いてもらえないことを再三「聞いて」と態度を変えずに言うことは体力がいることだが、相手が最終的に要求を聞いてくれた際には、大袈裟なくらい感謝して見せるくらいの気持ちの余裕はいつも持っていたい。嫌われても無視されても、怒って態度に出したほうが損なのだから。

lot#26 面倒な自分

池袋に住む男と付き合うと、池袋でデートするようになり、新宿に勤める男と付き合うと、新宿で待ち合わせをして近辺でデートをしていた。自分から前のめりに、時間もデート費用も抑え気味の付き合いを望んでいたわけではないのに、どうもこの手の「省エネタイプ」のデートを好む男と付き合うことが多い。他に追いかけている女がいて、私とは省エネデートでお茶を濁していたのかも……と今さら疑っても仕方ないが。私もそれほど「出掛けるの大好き！　いろんなところ連れて行ってほしいなぁ～」などという雰囲気はおくびにも出さなかったので、特に問題はなかった。

遠出のデートをしたとき、いつも考える。「もしここで喧嘩になってしまったら、男の乗用車で来た私はどうやって帰ろうか。車中でもめて取っ組み合いになった場合、事故になったりしたら面倒だ……財布のなかに交通費は別途確保しておこう」と。車内で険悪なムードになるくらいなら、自力で帰ったほうがいい。……そんな持論を長いこと心に秘めていたが、それが余計にお互いの溝を深めてしまうことになるらしいと周囲から指摘されたのは、随分最近になってからだった。

「そこはムード悪くなっても話し合って、解決させようよ」などと言う者もいたが、話し合って解決したためしがない（理屈責めで説く男に対して、もっと従順な女と付き合えばいいのに……と思ってしまい、うわべだけ謝る。すると、「バカにしているのか」と男が怒り、もっと戦況が悪化）ので「自力で帰る」ことを選んだ私の「今までの傾向」は無視できない。

このように「面倒だな」という感情が顔に出やすいことで、付き合う男を怒らせたことは随分とある。性分はなかなか直らない。しかし、見せ方で変わることはできる……という昔習った言葉を信じているので、面倒くさがりの性分を抑えながら生きてはいるが、完璧に隠し通すことができないのだろう。その垣間見えた「面倒だな」が相手の「〜してやった」の気持ちをふみにじり、怒りにつながるのだろう。この「面倒だな」の感情は完璧には姿を消さず、時々ちょこっと顔を覗かせる。……まるで日本の妖怪のような存在だ。妖怪のほうが人を和ませる要素もあるのでまだマシだが、「面倒だな」はつくろいようがない。つくろいようのない感情のほうがよく伝わってしまうのは、世の常か。

最近では、買い物が面倒だ。食べたいものや使いたいものはあるが、それを手に入れに行くことが面倒に感じるという、もはや人間として危機的状況だ。休日はどこも行かず、誘われても何かと理由をつけ断っている。男の誘いも時々ある。そんな時は「今どこかの雑誌に張り込まれているみたいなので、巻き込みたくないんです」としおらしく言う。嘘は言っていない。張り込みの人々はいつどこから現れるか分からないのだから。大抵誘ったほうは「ヤバいものに関わってしまった」と引き下がる。「いいよそんなの、友達って言えばいいじゃないか」と押してくる男はまだいない。うまく断れたことにホッとはするが、私と写真を撮られて世間にばらまかれることがそんなに嫌かね……と少し寂しくはなる。まぁ、無理もないか。

面倒だ……という気持ちになったら、「今の暮らしより良くなるなら行こう」と自分に言い聞かせてみるようにしている。美味しいものが買えるかもしれないし、お得なものに巡り合えるかもしれない。それなら……と外に出るきっかけにしている。しかし、会食や遊びに行く等の「娯楽メインの約束」だと「発散」になりがちなので「今の暮らしより……」暗示が薄まる気がする。だから行かないことにしている。これでは付き合いが悪い、自己中の協調性なしと嫌われるはずだ。仕事はちゃんとするので、よいではないか。

働きたがりの反動

lot#27

私は、小学校を受験している。いわゆる「お受験」経験者だ。

どういったいきさつがあったのかはわからないが、保育園の年長組ライフも半ばに差し掛かった頃、父母の中で「受験させたい」という意志が固まったらしい。私に受験する旨は特に伝えられなかったが、私の記憶にある限りでは夏を境にドリルや読み書きの練習、絵本を読む時間が少し長くなったようには感じていた。いつもとほんのり違う余暇の時間を嫌だとは思わなかったが、何か起こるのだろうという予感はしていた。その何かが、「お受験」だったことに気づけるほど成長していなかったが。

そんなうっすらとした「お受験準備中」、母が学習ドリルらしきものを開き、私に問題を出した時があった。「しーちゃん（私。シズカなので）、この中からしーちゃんが小学生になったら出来るようになることは、何かな？」と言う母。開かれたドリルには4つのイラストが書いてあった。「台所でコンロを使い、目玉焼きを作る女の子」「図鑑や本を部屋でたくさん読む女の子」「朝起きてパジャマをたたみ、一人で着替えをする女の子」「ハンカチにアイロンをかけている女の子」だったと記憶している。私はイラストを見た瞬間に「目玉焼きとアイロン！」と答えた。私にとってその2つのイラストは「働いている」ように見えたからだった。当時は家事でも買い物でも、大人がやっていることは「仕事」に見え、羨ましくて仕方なかった。「目玉焼き作りたい」とせがむ娘に、母は落胆を隠せなかったそうだ。

ちなみに、この問題の正解は現在も分からない。出題者に聞いてみたいものだ。そうこうしているうちに入試は始まり、両親もまた保護者面接や作文であたふたした後、私の入試テスト（知能テストと面接）も無事終了。20分の面接中2回トイレに行った私を見て、「ああこりゃ落ちたな」と悟った母の予想を裏切り、結果は合格。歩いて15分の学校に入学が決まった。母はこの合格を「町内会のよしみ入学」といまだに言う。

お受験時代よりもう少し前から「子供だけど仕事したい」という欲があった。恐らく当時私が見ていた漫画やアニメの主人公たちが、子供ながらも皆「仕事」を与えられていたことに強く影響されているのだろう。「小学生だけど、魔法でアイドル歌手に変身。アイドルやりながら学校に行く少女」や「幼稚園児だけどキッズモデルとして人気の男児」などという設定に魅せられていた。必要とされる濃度が濃い者たちには仕事があった。だから自分も「もう一つの顔で仕事をする」という設定に憧れていた。なので目玉焼きを作れる女の子、アイロンをかけられる女の子に強く反応したのかもしれない。仕事が憧れの幼女なんて、大人からしたらこましゃくれた面倒な子供以外の何者でもなかったろう。事あるごとに「私やる！　一人でやる！」と息巻いて大人扱いを求めるのだから。

あれから30年近くが経過する。あの頃の働きたがり屋の幼女はどこへやら。今の私は恐ろしく怠け者で姑息な大人になった。あり得ない話だが、当時の幼女しーちゃんがこの姿を目撃したら何と言うだろう。……あれは私じゃない、なんて言われるくらいは覚悟している。

思えば就学前の私が人生で一番「働きたがり」だった。盛りはとうに終わっているのだ。しかし34歳後ろ盾無しの独身女。働かなくては生きて行けない。立ち止まってしまい、働くことも生きることもイヤになったそんな日は、飼っている猫を抱き締める。「私には扶養している者（猫）がいる」と自覚することで動ける心が残っていることはまだ救いか。我が家の猫にとっては「飼い主の鋭気を養う」ことが仕事なのかもしれない。

うまく言えない

lot#28

数年前、イメージDVDを撮影するにあたって、とある制作会社を訪ねた時のことである。初めてお世話になるような制作会社には、打ち合わせもかねて挨拶に行くのが礼儀とも所属事務所から言われていた。DVDはグラビアタレントの魅力を動画でファンに堪能してもらうという利点があることはもちろんだが、タレントの所属事務所とそのタレントにとっても大切な収入源の一つでもある。おまけにどこの誰がいつ決めたのかは不明だが、「3ヵ月に1本ならイメージDVD出していいよルール」も存在するため、制作、タレント、所属事務所が綿密な打ち合わせのもとDVDを作っていかなくては、「利益」が見込めない……のかもしれない。少なくとも私はそのつもりでイメージＤＶＤと向き合ってきたが、他の者たちがどのように取り組んでいるかを知らないので何とも言えない。

挨拶もそこそこに、その会社が「昔、制作したＤＶＤ」を見せてもらった。笑顔ありシリアス顔あり、少しのサービスカットあり……。これが私だったらもう少し過激なシーンも撮れるかなと想像しながら観賞していた。その後、画面は切り替わり、おまけ映像と称した画面に切り替わった。スタッフも交えてのロケを満喫する映像がそこには映されていた。「撮影から離れてリラックスしているタレント」も魅力的だったが、私が度肝を抜かれたのはそこではなく、撮影スタッフの一人であろう女性の「感想力」だった。

アイスを食べれば「あー、五臓六腑に染み渡る冷たさがリスキーでハッピー」と言い、スープを飲んで「ちょっと聞いてよ。具がサクサク、あつあつ、食欲止まんなーい！」と叫ぶ、そして一気に飲み干されるスープ。更には屋台のグリルチキンをかじって「最高！　これはビール飲まなきゃ損だよ損損」とビールを買いに画面から消える始末。食レポという域を越えた「腹の底からの声」に震えが止まらなかった。チキンの感想の続きを後回しにしてでもビールとの相性を確かめて伝えたい……。この人は本当にTVに映らない側の仕事人なのか、と疑問に思ったまま観賞会が終わった。「語学は気合いとジェスチャーが何とかなれば大体大丈夫論」を説く者の気持ちがその時分かった。感想を言うのもまた、気合いとジェスチャーが何とかなれば大体伝わるという光景を目の当たりにしたからだ。感想を言う場所にもよるが。

感想を求められると大変困るのは、今も昔も変わらない。うまいものはうまく、面白いものは面白い。私はそれ以上語ることに向いていないのだろう。たまに「ほっとしますね」「きりっとした後味ですね」などと手垢にまみれた感想を口にしても、「アイツ、薄っぺらいな」という感想しかいただかないので言わないようにした。すると、元から少なかった「食事して感想言う」の仕事が更に減るので、世の中なかなか世知辛い。壇蜜という「TVにたまたま出ていたけど、望まれたシナリオ通りにうまく反応出来ない者」の末路は、「仕事減」という見せしめだったのだろうか。

「うまく言えない自分」と向き合った結果、うまく言おうと努力するのではなく、言う場所を変えてみることにした。瞬発力のあるTVでの感想が芳しくなければ、落ち着いて発せられる文章の世界で感想を言うトレーニングをしたらいいんじゃないか、と。

若いグラビアアイドルたちが特別扱いを受けるなか、しゃあないねと諦め、「相手にしてくれる人」を探しに行った時と気持ちはおなじだった。「土俵変え」に意気地無しと罵る者もいた。しかし、「意気地無し」と発した者は私の稼ぎを保証しない。言いたいだけの者こそ意気地無しなのだ。

競うことが何の得にもならない行為だと思い込める性分でよかったと心から思う。文章は残る。いつでも読める。責任と孤独があれば筆がのる。まだまだ書き方は下手だが、精進していきたい。

lot#29

ストレスは消えない

取材やイベントなどで、時々こんな質問をされる。

「ストレス解消するには、何をしていますか？」

女性から聞かれることが多いようにも思える。私はこの質問を聞くたびに思う。この世はストレスと感じるものだらけで溢れており、人々はそれと向き合えず困っているのだ、と。そして更に思う。私もまたストレスだらけの社会に生き、ストレスと闘う女に見えているのかもしれない、と。

思えば「ストレス」という言葉は、ここ20年で頻繁に耳にするようになったような気がする。高校時代の保健体育では「適度なストレスは生きていく上でも欠かせない。

なんでも可能な世の中ではないからこそ、頑張って習得し、実現して充実感を得られるのではないか」と教わったことも覚えている。その後、保健体育専任の女教師は、私たちに「テストがないと皆、何にもしないでしょ。でも頑張って勉強してテストでいい点とったら、『やったね』って思うでしょ。社会に出たらテストなんて無くなるんだから。テストが受けられるだけ、幸せなのよ貴女たちは」と付け足していた。何だかうまいこと言いくるめられている気もしたが、「理不尽なもんだねぇ」とクラスメイトと語り合いながらもストレスの存在を自分たちなりに解釈していた。

そもそもストレスとはカタカナ言葉であり、日本語版を知らない人が多いのではないか。調べによると「応力」といい、モノの内側に歪みを与える力を言うそうだ。そこから精神を圧迫するモノとして「ストレス」が使われるようになった、とのこと。物理の世界で生まれた言葉だとは知らなかった。無論諸説あるので参考程度に読んでいただけたら幸いだ。

とはいっても、ストレスから実害を毎日受けて暮らす人も多い。私も単純にストレスのせいにしていいのなら、それが理由で逃げ出した所属や職場がいくつか存在する。仕事が嫌で嫌で仕方なく、働く母親に援助を受けられそうな「その先」をこっそり確認してから体の不調を訴え、その職場を辞めた。周囲にストレスを感じていると分かってもらうために、我慢せずに体調不良をむき出しにし、目の前で症状を見せた。今思えば社内の者はとんだ災難だったであろうし、私は最低な社会人だったが、逃げた後、「また頑張ろう」という強い気持ちが芽生えた瞬間は忘れられない。

リセットボタンを押した気分だった。押しすぎは破滅の原因だろうが、その時は「押せる状態」だったから押したのだった。若かったから出来たことだろう。結局、人間迷惑をかけながら生きていくのなら、今度はかけないよう頑張るので今はかけさせください……と都合よく神に誓ったりもした。辞めて信用をなくしたり、資格を棒にふることにはなった。代償は大きかった。しかし、心がダメになる一方なのに見返りが感じられないという環境に耐えられるほど大人ではなかった。

ストレスとの付き合い方を聞かれたら、私はいつも「解消ができないのがストレス」と答えるようにしている。他のなにかで心の乾きをなんとかしても、仕事や所属に戻れば、それだけ楽しかった時とのギャップでますます気持ちがダメになりそうだ……という理由で。

嫌なやつ、嫌な仕事、嫌な言葉……。何でもやった者勝ちで被るものばかりが辛い思いをしているのは理不尽だ。しかし、それがまた悲しいかな現実でもある。解消は出来ない。だからといって相談した相手に「そんなこと気にするな」を言ってはいけない。これを言っては苦しむ人々を奈落の底に突き落とすようなものだ。気にしないことが出来る者は、そもそもストレス解消法なんかを人に聞いたりしないだろう。実際に苦しんで体も辛くてどうしようもないから、気にしているのだろう。

逃げてほしい……。無責任ながら切に願う。逃げることとは負けることではない。逃げる算段が出せた時点でストレスを次のステップに利用できていることに気づいてほしい。私には逃げたがゆえにもう二度と連絡を取れない者が数名いるし、もう二度と足を踏み入れることを許されないような場所もある。それでも構わず逃げたのだ。もう二度と繋がれなくたって、別に構わないしね。最低と言われても、死ぬよりマシだ。

lot#30 噂は怖い

最近の女の子は発育がいい。足も長くてスラッとしている。自宅近くに小学校があるのだが、小学生とは思えない背丈や体格の女の子がランドセルを背負って歩いているのを見かけたことがある。ランドセルが窮屈そうに背中にくっついていた。

以前、小学生の子供を持つ知人から話を聞くと、やはり最近の子供はどんどん大きくなるという。女の子の初潮も早く、10歳を迎える前に……という子もいるそうだ。そんなことだから、高学年になるにつれ大人の体に近づきすぎてランドセルも背負いにくくなり、仕方なくリュックや鞄を持ち登校している児童もいるのだとか。私よりも大きい児童も見かけるので「こりゃランドセルも服もすぐにきつくなっちゃうんだろうな」と実感する。現在、その知人の子供もすくすく育ち、中学生になった。少し前までお下がりの服などを譲っていたが、私の背を越したと聞いている。そろそろ「これ小さくて着られない」と言い出すだろう。成長は嬉しいことだが、少し寂しい気もする。

今からさかのぼること24年ほど前、私も小学生だった。小学校4年生になる直前の春休みに初潮を迎えたことを覚えている。当時にしては随分早かった。具合が悪くなり、学校を休んでしまう月もあった。しかし当時、女子だけのクラスにもかかわらず「生理になった」という事実は周囲から好奇の目で見られるようなムードがあったため、クラスメイトには黙っているというのが当たり前の日々を過ごしていた。何故かはいまだに分からないが、「生理来た?」「ううん、まだ」という会話を交わしてこそ「我らが同志」という証しだった。母もそんな状況を私との会話から理解していたようだ。ただでさえ学校に馴染めていない私が一足先に大人になったとなると、ますます孤立するのではと心配した母は、小学校卒業寸前まで「生理になったことは言わないでおきましょうね」と念押すように私に言い聞かせていた。「あの子、生理きたんだってー、やだー」などと噂する割には自分たちの事情は隠す。子供っておかしな生き物だなぁと思う当時の私も、また子供だったのだが。
噂に巻き込まれたら嫌だな……と最初に思った状況かもしれない。「ねー、生理きたの？　教えてよ」と確認されるのも嫌だったし、分かるようにわざと私の名を出されながらヒソヒソ話をされるのも恐怖だった。小学校時代の噂はなかなか消えない。しかも、反論できない気弱な者を狙うのでたちが悪い。噂されるために学校なんて行きたくないなとも思った。この感情がもっとこじれていたら不登校になっていたのだろう。遠足先で池に落ちた。猫と話ができる。トイレで塩素ガスを発生させた。記憶にあるだけでもとんでもない内容の噂をされた。……猫と話ができるというのは、むしろ実現してほしいくらいだが。

噂は怖い。「言ったもん勝ち」のところがある。否定しても噂のさらなる加速につながる……なんて不条理なこともある。騒ぎたいだけの勢力には何を言っても無駄なのだ。大人になってこの仕事をしていると更に多くの噂に囲まれる。年収2億、赤坂在住、ホストと交際……。華やかすぎて現実の自分が霞むほどの噂におどろく。年収と住居は明かしてもしょうがないが、交際相手だった人々はもっぱら訳ありサラリーマンだということは言っておきたい。

最後に噂に巻き込まれたときの対応例を述べておく。噂を確認されたらゆっくり微笑み「まさかぁ」と言う。そして「だといいですけどね」と、それ以上の情報を与えないことに限る。噂の大敵は「リズムを狂わせる態度」、だ。

lot#31

お土産は手強い

「今まで貰ったプレゼントの中で、一番高そうなものや一番困ったものってありますか?」という質問をうけることがある。

正直に言うと、高いものは受け取りを断りもするし、困ったものはあるにはある。しかし、私はタレントだ。ここでもし「ありますよ。〜は困りましたね」と言えば、相手の好意や恩義を裏切ることになる。質問に対して正直に答えれば、運悪く聞いてきた相手が悪意のある記者だった場合、「壇蜜はプレゼントしてもらっておいて文句をいう」という含みをもって記事が書かれるかもしれない。黙っていたりはぐらかしたりすれば、また「出たての小娘じゃないんだから、てきぱき答えろや。減るもんじゃないし」といわんばかりの重圧感に満ちた視線を浴びる危険性があるので、いつも「それなりの答え」を用意している。

大量の何かを貰った場合は、「その時は頂いてどうしよう……と思ったけど、スタッフや家族で分けました。皆、喜んでいました。お気遣いに感謝しています」。分けられないものに対しては、「何を貰ってもしっかり受け止めるようにしています。ものに込められたメッセージを解釈するのもタレントの仕事です」と答える。これが今考えられる「困ったもの」に対して聞かれた際、自分にできる「嘘をつかない答え」だ。何を貰ったかについては詳しく明かすことはできないが、手紙を読んで、プレゼントを開けて、「どういう気持ちだったのか」を推測せずに自分だけが困ることは失礼なことじゃないかと思う。だから、私には「困るプレゼント」などない。

このように「プレゼント」というのは、あげるほうも貰うほうも緊張感をもって向き合わなければいけない行為だ。中でもなかなか手強いジャンルがある。それが「お土産」という曲者だ。「そんなもの買わないよ、めんどくさい」「貰っても嬉しくないから、特にあげたいとも思わない」などという「あげず、貰わず、義理関せず」の精神を貫けるような性分や態度がまかり通るならそれでも構わない。

しかし、義理やしがらみを無視できない人々のほうが多いこのご時世、お土産選びがとんだプレッシャーになる場合もある。特に女性は、一緒に出掛けた配偶者や恋人に「旅行行っても女って土産屋ばっかり立ち寄ってるよな」と言われながらも、「あげたらあげたでセンスが問われる」という重圧に耐えつつ、ネットや雑誌の知識を頼りにモノを選ぶ……。出先でこんな博打のような状況が展開しているとは、誰が悟ってくれるだろう。お土産を貰って手厚い恩義を感じる者は少ないと思うが、「～に行く」と言っておきながら何も貰えないという「何となく寂しい」気持ちを全く感じないと言い張れる人はそれほど多くないとも思う。それは考えすぎだろうか。

中には、何を買ってきても「何これ、どこでもあるじゃん」「自分が好きだから買ってきたんじゃないのぉ？」と無神経な感想を述べるものもいるかもしれない。こんなことを言われても義理立てしなきゃならんのかと思うだろう。難癖やケチをつけるものは、そうやっていないと自分を保てないから仕方ない。私のほうでそんな者たちが滅びてしまうよう念を送るので、読者の皆様は思いっきり土産選びに集中してほしい。人数分あって、メイン系とおまけ感覚の2種類を与えられ（お菓子と小さな名産品等の組み合わせ）、出来れば個包装で持ち帰りも出来るもの。これが多方面に配慮をしたお土産の条件だと私は考える。

センスを問われてもそこは無視してほしい。「お土産を買って行こう」と思い立てる時点で「優しさのセンス」は抜群に発揮されているからだ。

lot#32 大丈夫は不安

「不安な時ほど断定しようとするものだ」

そんな話を聞いたことがある。当初は納得していたが、断定したがる時はなにも「不安な時」だけに限ったものではない……とも思う。いつだって強く望むことを口にすれば、「断定したい」気持ちが出てくるのではないだろうか。

例えば、とある人気漫画の話。「海賊王になりたいな」という希望を、より強力に表現しようと口に出せば「海賊王に、俺はなる！」と変化する。しかし、海賊王になりたい彼に不安はない。しかしながら我々は三次元を生きているため、「こんな状況で大丈夫かな……」と思ったときに、「こんな状況の中、指揮をとる人々」が「絶対に大丈夫です」という説明をすればするほど、「……ホントに？　大丈夫？　なんか不安……」と疑おうとする気持ちが生まれてくる。

過去に「大丈夫です」と言われて大丈夫じゃなかったことも体験したわけではないのに、彼らの「大丈夫」を疑ってしまう感情は謎だ。大丈夫ではなかった「誰か」の話が広められ、それをどこかで聞いたことがあるからかもしれない。自分に置き換えてみると疑似体験もできよう。そこで疑似不安まで体験し、「心配になってきた」が感染してゆくのかもしれない。

不安はやがて周囲の人々を巻き込む。巻き込む……というほど能動的な気持ちはなくても、「あの人はどう思っているんだろう」と他者の意見を聞きたくなってくる。他者に聞いて、自分と違うとますます不安はやってくる。他者が同じ意見だったり近い感覚を持っていても、一瞬安心はするが、その後また不安が押し寄せる。「私と同じ意見だったけど、本音は違うのかも……」と。きりがない。

中高生の頃、試験前「試験勉強した？」と聞き、試験後「試験どうだった？」とやたらと聞いてくる子はいなかっただろうか。親しい仲間たちとは試験中にファックスで手紙を送ったり、ポケベルで短いメッセージを伝えて英気を養うことはあった。試験後は点数にまつわる話もしていたし、競いあって良い点だったほうがジュースをおごるなんていう微笑ましい賭けもしていた。しかし、普段はそれほど仲が良くない子でも勉強方法や点数について聞いてくる場合があった。一応素直に答えるが、はぐらかしたいほど点数が悪い時もあって答えに窮したこともある。これは女子校あるあるだったのだろうかと考える。女子校出身なら一度は経験したことはなかろうか。やたらと聞いてくる子は、答えてくれる子たちに対して「仲間」を感じていたかったのかもしれない。答えの内容より、「自分に答えてくれている」という周囲の態度で自分の不安を埋めたかったように思える。

時として断定は疑りを招き、疑りは更なる不安をあおる。その不安を持てあませば周囲の人々の考えが聞きたくなる。考えを聞くことにより意見を分類して、敵だ味方だと分裂が始まる……。やがて、不安は敵意と仲間意識という相反するものでしか埋められなくなる。極端な考え方だが、不安に振り回され、「意見の違う人を攻撃しないと自分を保てない」という人々が増えているように思えるのは、決して気のせいではない。何かと二派に分かれがちな最近の「モノの考え方の傾向」を見ていると、「意見が違う！　だからこうしてやる！」と石をぶつけられる日もそう遠くないのかもしれないとすら感じた。

もう時代は「印籠見せて勧善懲悪」のようには片付かない事態ばかり。いろいろな意見を偏見なしで聞くことは難しいが、せめて誰かを攻撃や差別をせずにと意識しながら物事と向き合えたら、きっと不安は半減する。不安なのは「知らない」から。そして、「違うこと言ってる人は敵」だと思っているからだろう。

lot#33

不純な動機でも

母方の祖父は、躾に厳しくきれい好きだった。……母からいつも聞かされる話だ。祖父は大層な子煩悩で、母を含め3人の子供たちの写真を撮ってやったり遊びに連れて行ったりと、当時では珍しいほどのマイホームパパだった。母にとっては可愛がられた思い出も多いらしいが、ちょっとでも言いつけを守らなかったり素行が良くないと、雷を落とされたそうだ。

中でも恐ろしいエピソードがある。母が小学生の頃、「机の上は常にきれいに」という祖父との約束をおろそかにしていたら、怒った祖父が自らの手で、雪の降る庭めがけ机の上に散らかしてあった母のノートや筆入れを放り捨てたという。その後、母は泣きながら深い雪の中をかきわけ、捨てられた筆記用具を探し歩いたという。几帳面な怒れる男、それが祖父だった。その後、祖父は40歳という若さで病のためこの世を去ってしまうが、彼が育てた子供3人は今も立派に自立している。母に限っては、自立しすぎているくらいだが。

会ったことのない「きれい好きで几帳面」な祖父の血をひく私だったが、小さい頃片付けは大の苦手だった。祖母や母からはいつも「片付けなさい」と言われ、自分なりに片付ければ、「それは片付けたんじゃない。隅によせただけ」と呆れられる日々が随分と続いた。何故、こんなにも机の上に物が積み上がってしまうのか……。何故、自分にはきれいにするという言葉が理解できないのか……。小学校時代から随分と悩んできた。汚い所が落ち着くわけでもないし掃除が出来るようにもなりたい。でも、出来なかった。

実家にいる20代の終わりまでこんな悩みは続く。今思えばふすま一枚で仕切られた自分の部屋の中に限界を感じ、「自分だけの場所」を追求した結果、引き出しや本棚、机の上にどんどん物をため込むようになったのではないだろうか。「私のいる世界では、いつか使うかもしれない物だって、みんな私のもの。捨てられない」。そんな感情に縛られて、いらないものだらけの部屋で家族をげんなりさせていたのだろう。

　そんな私に転機が訪れたのは、30歳から始めた独り暮らしだった。当たり前の話だが、家の中の舵を取るのは私となった。どうしたら家事は効率よくできるか、狭い部屋をいかに広く使うか……考えた。恋人もいたので、週末泊まりに来る男にみっともない姿は見せられなかった。母が行っていた「家での業務」のやり方を思い出し、実家から持ち込んだ物でも使いにくさや動きにくさを感じる「妨げ」と解釈したら、どんどん捨てた。捨てないと自分が家財道具に埋もれてダメになる……！　という切羽詰まった心理状態が功を奏した。

　やはり人間、追い込まれないと動かないものだ。今では「一つ買ったら、できるだけ二つ処分」という誓いを立てて生活している。時々昔の名残で、タオルや買いだめした食品などが引き出しからはみ出そうな状態にもなるが、「これはいかん」と立ち止まって処分する。片付けるスキルはまだまだだが、一人の力できれいにすることを爽快に感じている。捨てるための自己ルールや勇気も身に付いた。片付けることは、まず「捨てる」ことなのかもしれない。

　自分だけが自分のために思い切り「心地よい空間」を作る権利がある。そう思えば自尊心に火がつき、てきぱき整理整頓が出来るようになる。これに「恋人もこの部屋に来るし……」が加われば、もう動機付けは完璧。

ゲンキンに思われるかもしれないが、これもまた現実だ。

紅
梅

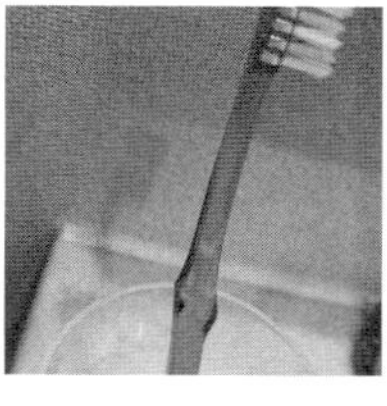

思惑はたいていすれ違ったりするけれど——

小銭の音

lot#34

先日、知人から質問された。

「昔やってた寝起きドッキリってさ、前もって予告されるの？　だってあんなに都合よく下着とか歯ブラシが転がってるなんてさあ、変だもん」と。私は数秒後、「予告はないよ」と少々早口で答えてしまった。知人は何ともいえない顔をしてこちらを見ていたのを覚えている。いい人ぶるつもりなどさらさらないが、答えにくい内容の質問がとっさに飛び込んでくると、一瞬、躊躇してしまう。躊躇から「早く答えないと疑われる」という焦りに変わり、妙な間合いで変なことを口走ってしまう。つまり、嘘がそれほど得意ではない。よく女は嘘をつくのが上手いというが、電話で現金を振り込めと言ってくる詐欺をしでかすのは大抵男という事実も知って言っているのだろうか。女でも男でも、嘘だらけの者もいれば、そこそこ正直な者もいる。根っからの正直者……というのはいまだにお目にかかったことはないが。

私の「予告はないよ」には、「嘘は言いたくないけど、番組のネタばらしもしたくない」という気持ちが含まれていた。そのあたりは嘘だらけで生きているわけではないという証明にはならないだろうか……ならないか。ともあれ、予告はない。「タレントの皆が『泊まりのロケということは……』と空気を読む」だけのことだ。

やはり、「隠さなきゃ」と思う気持ちは体の正常な判断を狂わせる。大勢の前で何かを話すときには顔がのぼせて汗をかくし、アドリブで何か動きを求められたら足が震えて体がこわばる……そんな経験をしたことがある人は多いだろう。あがり症と呼ばれる人々は、もれなく嘘が下手である可能性は高い。

学生時代、新任教師に授業を教えてもらうことがあった。その教師はわが校が初めての就職先で新卒、おまけに気弱そうな男教師だった。授業は分かりやすかったが、性格も大変分かりやすく、授業中極度にあがっていることはすぐに察知できた。当時、若い男教師は我々女子校の生徒たちの好奇の的でもあったため、からかい半分でクラスメイトが、授業中にぎこちなく指導する彼の話をさえぎり、「せんせー、そこはテストに出ますかー?」と元気よく質問した。彼は顔を真っ赤にして「い、い、い、言えないです!」と汗をハンカチで拭きながら答えた。クラスメイト全員が、「あ。先生はもうテスト問題作っちゃってて、おまけにこの部分は出るんだろうな……」と察せるくらいの動揺ぶりだった。程なくして彼は体調を崩し休職、そのまま違う学校に赴任したらしい。達者でいるといいが。

人をからかうのはよくない。クラス内で起きたあの出来事は、私も無関係ではない。もう20年近く前の思い出だが、因果応報のような事件が我が身にもつい最近起こった。ナレーションの仕事中、声をあてていた映像内に「前から好きだった俳優のうちのひとり」が登場したのだ。以前もこの俳優の旅ロケ番組に声をあてたことがあり、その時もドキドキはしたのだが、今回は動揺のレベルが違った。

その日の彼は普段はかけない眼鏡をかけていた。「何とかロケを一緒にしたいものだ」「眼鏡をかけているのは、私にそういうヘキがあると知っての所業か」と雑念が全開になり、汗と赤面と動悸で声色まで変わってしまい、クールダウンの時間を数分もらうという大失態をおかした。幸いわずかな時間のロスで済んだが、仕事をする上で信用にもかかわる。仕事がらみの動揺を早めに退治するために、私はいつも心に小銭入れを忍ばせている。仕事で焦ったらその心の小銭入れをチャリチャリと振る。小銭の音は「現実」の音。仕事をすれば銭が入ると再確認すると、身がしまるものだ。

ちなみに仕事ではないときは勝手に動揺しておく。してもしなくても、銭にはならないからだ。

私の良いところ

lot#35

先日、ラジオ番組収録中に、男性アナウンサーからこんな話を聞いた。

「子供の頃に何かやって誉めてもらった記憶は、いつまでも心に残る。結果、無意識のうちにその『誉められた何か』の延長上にあるような職につく場合が多い」と、彼は言うのだった。

アナウンサーの彼は、小さい頃から目立っていることを人気者だと誉められていたそうだ。人気者の自信から人前で堂々と快活に話すような度胸と、競争に勝ってやるという負けん気が生まれ、アナウンサーという高い倍率の世界に勝利をおさめたのかもしれない。話によると、彼自身「なれるかな?」という不安げな気持ちでのぞんだわけではなく、「アナウンサーなら俺にもできるさ」と乗り込んで行ったとのこと。現在も多くのレギュラー番組を請け負う彼は、自信家ではなく自分を信じる力がとても強いのだと思った。

私は、職業名と倍率を聞いただけで「私には無理だ」と諦めるタイプだった。アナウンサー、キャビンアテンダント、大手の広告代理店や出版社等の企業……就職活動をしていた時は、どの仕事も高嶺の花すぎて腹立たしいほど羨んでいた。そんな就活生だったので、どこにも受かることなく親に泣きつくことになったのだろう。根拠のある自信は周りを巻き込むほど強く本人を照らすのだろうと、思わず話の内容を日記に書いてしまうくらいに印象深い話だった。

ためしに誉められた記憶を手繰り寄せてみる。今更な感じもするが、昔はどうやって誉められていたかを思い出す。まず容姿で称賛されることはあり得なかった。女子だらけの学園内は、女子の容姿に厳しい。「〜が好きなんだ」と男性アイドルの名前をあげたら、「サイトウシズカ（当時、周囲に馴染めない小学生の私はフルネームで呼ばれていた。何処のグループにも入っていないから、あだ名が付けられないという理由で）は顔が変だから、私と同じアイドルを好きになるのはおかしい。もう彼を好きと言わないで」とハッキリ言われる。「結婚したい」と言えば、「その顔で?」と返される。センスもなく頭も悪いしスポーツも出来ない。定期的に渡される保護者との連絡帳には、児童の良いところを書く欄に「給食を食べるのが早いです」と毎回書かれていたと母から聞いた。先生も、よほど苦労してひねり出した「良いところ」だったのだろう。成長するにつれて、担当教師たちもみんな私の「良いところ」を見つけるのが困難だったのだろう。「毎日学校に来ている」「コツコツと取り組める」「大人しく物静か」……。これらは、当時、連絡帳に本当に書かれていた、私の「良いところ」だ。こんな過去を知ると、今の私が出来上がってしまったのも納得していただけるだろう。

しかし、学級が上がり中学、高校、大学と進級していくと「他人が嫌だと思う役目でもちゃんと取り組める」という評価を受ける。トイレが詰まって素手で汚物を摑んで取り出し直したり、イベント前の居残り作業もすすんで参加した。アルバイトも清掃に手を抜かず、要領は悪いが清掃は素晴らしいと妙な評価も貰った。縁の下の……的な存在だと都合よく使われあれこれ仕事を与えられたが、特に嫌ではなかった。

皆が言ってくれた「良いところ」を見つけ、自信とするまでにはかなり時間がかかったが、最近やっと今の自分に繋がったと感じる。「嫌われもの」にも「人が嫌がる仕事も出来る人」にもなれる自信があるから、今、壇蜜として務まるのではないか、と。華やかでチヤホヤされる以上に疎まれることも多い。特に私のような出方をすると、「死ぬほど嫌い」と言われても仕方がない。それほど美しいわけでもない。ババアと呼ばれる年齢でグラビア、ヌードと経ているのに澄ました顔して服着てテレビに出てしゃべっているなんて、癇に障るのだろう。

今までは誉められていた部分を活かせていなかったが、壇蜜になってからはこの長所が心の均衡を支えているのかもしれない。良いところが目立ってそのまま活きるのではなく、自分の環境を支える力になる場合もある、という話。

さがせば、あるはず。

lot#36 〝理不尽〟の取り扱い

いつの世代になっても、どの世界に身を置いても「理不尽」というものは付いて回る。理不尽……よく「道理を尽くさないこと」「筋が通っていないこと」なんて説明されているが、この世の中、多くの人々がそれぞれ置かれた環境で生きていて、「共通の道理や筋」が見いだせるほうがむしろ難しいのではないかと考える。この「理不尽」に対する意味も、また理不尽だなぁと思う今日この頃だ。しかし、そんなことはこういう「書く場所」以外では話さない。対話している中でついうっかり正直に「理不尽の意味が理不尽」なんて話そうものなら、とたんに「あいつは理屈っぽいねー、やだやだ」と思われるからだ。「理不尽の意味が理不尽だと話したら理不尽な扱いを受けた」に発展するのはごめんだ。だから、この場だけにとどめておこうと思う。よろしくお付き合い願いたい。

私が「初めての理不尽」を感じたのは、いつだったろうか。もう小さい頃から「男の子が得をする環境」「可愛い女の子がちやほやされる場所」「真面目に話していても取り合ってもらえない立場」等の、「おもしろくないなぁ」と思う現場には遭遇していたと思う。理不尽はあちこちに転がっている。人間、特別扱いや優遇されたことは覚えていなくても、不当に扱われたことは覚えている。まして私のような根に持つタイプは特に。

教育方針が厳しめな学校にいたときは、特に教師の言動や校則に理不尽さを感じながら心のなかで「なぜだ」と突っ込みを入れていた。本当に突っ込んだら退学になりかねないので口から言葉は出さなかったが。

中学生の時だ。合唱発表会の練習のために大きな会場に全生徒が集められ、発声やパート練習をしていると、「もっと大きな声で！　力一杯声を出さないと客席に声なんか届かないんだからね！」と指導役の教師が叫ぶ。他の学年の練習を見学するために会場の客席に座っていると、「喋らない！　小さな声も咳払いも、ペンを落としたって全員に聞こえるくらい会場は響くんだからね！」とまた叫ぶ。「真逆のこと言ってるけど、先生大丈夫かな……」とその先生の脳内まで心配した私は、相当失礼だったろうか。会場の構造上の特徴なのかはいまだに知らないが、歌え喋るなと随分いろいろ言ってくるなぁと、ため息が出ていたのは、私だけではなかったはずだ。

当時は理不尽さを大人によく感じていた。親に「子供らしくない。いい子になってよ」という旨を話されたので、「じゃあ、いい子で子供らしい子って何？　いい子ってどんな子供なの？　そうなるから教えてよ」と言ったら沈黙が走り、「いい子は親にそんなこと聞かない」と返された。勢いで言ってしまったのだろう。両親共働きで忙しいのに、一人娘が学校になじめず、勉強も出来ず容姿もアレだったので、気持ち的にも辛く大変だったのは理解できる。今となっては笑い話だが、当時はまあまあショックだった。

しかし、被害者目線ばかりで語る私も子供ゆえ、思春期ゆえ、今となっては年増女ゆえの理不尽さを周囲にばらまいて「いた」、もしくは「いる」のかもしれない。都合のいいもので、受けた理不尽は覚えていても与えた理不尽は……である。特に先方からタレントとして提案を求められ意見を言ったが、事務所の判断で実現できない……なんていうことは往々にしてあるようだ。気を付けなくてはいけない。今、理不尽を感じてもこちらでやんわり書くなり喋るなりでネタとして扱えるし、時々なら笑ってもらえる。しかし、己が野に放った理不尽は己の首をしめるだけだ。

「他人の理不尽に優しく自分の理不尽に厳しく。悪口傲慢口答えダメ、ゼッタイ」が暗黙のルールとなっている大人の社会……。もはやそれを諦めて向き合い、有意義に人生を送るしかない。私は最近、理不尽な要求には半分聞いて半分無視するという手段を取るようにしている。

「ここまではやってみたんですけど、あとはちょっと難しくてバカな私にはどうしても分からなくて……至らなくてごめんなさぁい」

理不尽も金になるなら、喜んで付き合おうじゃないか。全部聞くほど暇ではないが。

荷物が多い

lot#37

引っ越しや大掃除、模様替え、新しいものを買った……などの大義名分があると、人は比較的「捨てられなかったモノ」を処分できるような気がする。つまり、何も変わらない日常をずっと送っていると、モノがたまる一方になるのは仕方がないようだ。捨てられない……この気持ちの背景には、「生活が変わることが恐い」「日常を守りたい」「新しいものを受け入れることが面倒だ」等の変化を敬遠する思いがあることを知っておくのがいいだろう。人間困って奮い立たなければ、「モノが増えていく」ことに対抗できないのかもしれない。

しかし、増やすのもまた人間……というか本人の気持ちなので難しい問題だ。「増えて困るなら、何故、買ったりもらったり取っておいたりするの?」と思う人もいるかもしれない。しかし、この疑問に答えられない人も大勢いることは知っておいてほしい。「増えるが捨てられない」には、危機感や強迫観念、愛着、多くの感情が渦巻いている状況なのだろう。

モノを捨てられるようにするためには、意識するしかないようだ。私は日常に「ため込む現象」はつきものだと知ってから、「自分が住んでいる自分だけの空間……、苦節30年、やっと手に入れた私だけの部屋をみっともなくしてたまるか」という「モノ増える現象敵視」の態勢で人生に臨んでいる。甘んじたら滅びるのだという根拠のない観念を持ち、いらないと感じたらすぐ捨てるようにしてきた。「いつかは使う、は無い」「プレゼントは私を助けないときもある」「必要だったという後悔は知恵とお金で解決できることが多い」「そもそも、いかにも女が住んでいるような家にいたら空き巣が待ち伏せするかもしれない」……などという自意識過剰も甚だしい、掟じみたスローガンを胸にここ5年は生きてきた。

やはり自分だけの部屋が無い時代を生きてくると、「一国一城の主」になった状況に執着する。モノがたまることを嫌う私はそこから生まれ、増える現象を敵視することで今も快適さを守っている。「気を抜くとやられる」という台詞は何度つぶやいたか分からない。そこまでして……と思うかもしれないが、そこまでしないと守り抜けない生活があることを知っておいてほしい。

このように、気持ちだけは日常の流れを疑ってかかるような姿勢の私だが、このような気持ちとは正反対の一面もある。それは「何処かに行くときに荷物がやたら多い」という性分だ。

自宅に執着するあまり、出先の環境が未知である状況にすっかり恐怖を抱くようになってしまった。副作用だろうか。とにかく「宿泊先には何もない」と疑うことをモットーに荷造りを始める。2泊以上ならスーツケースが必要だ。1泊でも「自分のメイク必須で、宿泊先は不明」となれば、スーツケースが出動する。風呂道具もパジャマもタオルも欠かせない。ドライヤーを詰めて行ったこともあった。周囲は「何泊するんだよ」「家出みたい」「判断能力なさそー」などと言ってくる。しかし、言う奴はもれなく助けてはくれない。それどころかバカにしておいて、困ったら助けをこちらに求めるような者もいた。「ドライヤーなんかどこにでもあるでしょ。荷物増やしてどこ行くわけ？」などと私に言っていた者が、いざ宿泊した場所にドライヤーがなく、

「おねがーい、借して」と頼んできた時には、立腹を通り越して「いい気味だ」とすら思った。荷物について何か言われたら、「30過ぎて手入れ等いろいろ心配ですし、みなさまのご迷惑になりたくなくて」ときっぱり言うようになってからは、小バカにされなくなった。

出先に持ち歩く荷物はずっと連れ添わないが、家にあるモノとは長きにわたって連れ添う。増えるためるで埋もれれば、人は正常な判断ができなくなるだろう。その後は放置、黙認、また増えるたまる……のループが待っている。我々はすぐに正常ではなくなる弱い生き物だと自覚して、「モノ」と付き合いたい。

真心を伝える手段

lot#38

7年ほど前の話だ。当時付き合っていた男に、旅行へ連れて行ってもらった。当時の私は葬儀学校に通っており、勉強が忙しくバイトもしておらず、実家暮らしが救いであるくらいにお金がなかった。そんな中の金持ちの彼氏が旅行に連れて行ってくれる（つまり奢り）というのだから、当日が楽しみではあった。しかし、何も用意せず行くのは依頼心が強いと思い、貯金をはたいてプレゼントを買った。旅行先のレストランで渡せばムードも高まると、ワクワクしながら用意した。選んだのはシルバーでできたクロスのネックレス……。首が細い男だったので、似合うだろうと喜んでもらえるとばかり考えていた。

いざ旅行の日になり、あちこち観光してホテルにチェックインして、いよいよホテル付きのこじゃれたレストランへ向かった。乾杯をして、「今日はありがとう。プレゼントがあるの」と言い、リボン付きの箱を渡した。男は面食らった様子で、何も言わず箱を開け、ネックレスを一瞥するとこう言った。「なにこれ。僕はクリスチャンじゃないよ」と。私はあまりに予想外の言葉に固まったまま、言葉が出てこなかった。さらに男は続ける。「それにこれは安くないものだよね。どうやって買ったの？　勉強に集中するからバイトはしないって言っていたし、僕とも約束していたよね。こういうものを買って渡せるようなお金は持っていないはずだよね。お金ないって言っていたよね？　本当に学校行っているの？　まさか隠れてバイトしているの？」。

……このような詰問と、私の「ただ喜んでほしくて貯金を……」という釈明の繰り返しがおよそ2時間。気づけば前菜からデザートとお茶までフルコース料理を食べながらの「問答フルコース」が終了した。高級そうなフランス料理だったはずだ。それなのに、今まで食べたなかで一番味の分からなかった料理になった。男がトイレに立った隙にさらうように食べた「小ネギののっかった焼きフォアグラ」だけは、辛うじて美味かったと深く記憶している。シェフにも給仕にも土下座をしたいと思いつつ店を出た。

以上のことから学べるのは、金持ちの偏屈とは付き合わない……じゃなかった、「サプライズのプレゼントは相手も自分も傷つけることがあるので、喜ばれる前提で臨まない」だろう。このような経験を経てきたものだから、本心からでもお愛想でも「やだー、うそー、ありがとう、嬉しい！」と言ってもらえている人が羨ましかった。私の場合は、生活と収入源まで疑われたから特例かもしれないが、喜ぶそぶりを見せながらも「次は〜も」とおねだりしてきたり、「次は私がプレゼントするから、持ってきたらダメだからね」なんて喜びが繋がっていく状況は、滅多にないことなんだとお伝えしたい。もらう側もあげる側も気を使いながら、お金も使って「喜ばれない前提だが、笑顔を見たい……これはギャンブルだ」の姿勢で臨む。

もしかすると、このような遠慮と緊張がひた走る場面に身を寄せることが「プレゼント授受道」なのかもしれない。「授…自己満押し付けすなわち破滅。受…傷つけること、更に重罪」……授受道の鉄則にありそうだ。

そんなわけで私も授受道に入門することにした。まずは「私にはセンスがない」と自覚、公表し、「喜ばしいものをどんぴしゃで与えることが出来ない」と強く前提付ける。次に受け取るときも、「何がよいかと聞かれたら、メッセージカードや手紙が何より嬉しい旨を正直に伝え、物品は本来二の次」という事実を伝える。

誰でも低予算で用意できて、真心が伝わる手段をメッセージ以外に私は知らない。ここで「気は心」を発動させずしていつ出すのか。お互い期待するからガッカリするのは、プレゼントにしても付き合いにしても変わらない。私が「サプライズで何かされたら絶対喜ばないといけないのか？」というひねくれた考えを持っているが故の授受道なのかもしれないが。

「ながら」が出来ない

lot#39

出来ないことを要求されると、人は困惑と同時に「出来ないことへの怒り」と「出来ない自分への落胆」を感じる……といつも思うのは、私だけだろうか。

タレントという職業柄、取材を受けることがある。先日、こんなことがあった。取材を受けるために指定されたのは、とあるレストラン。ただ話すだけというのがよくある取材スタイルだったが、その時は違った。そのレストランには数種類の肉料理が用意されており、それを食べて感想を言い、さらに肉料理について自分の思いを話す……。そんな「試食コメントとインタビュー」という特殊な企画だった。牛肉や豚肉はもちろん、イノシシや羊の肉もあり種類も量も豊富だった。いかにも高級そうなレストランで高価な肉を食すなど……仕事とはいえ、随分「良い身分」に浸れそうな環境だった。どの肉もシェフが丹精込めて調理しているので、美味な上に独特のくさみも「風味」程度にとどめてある。肉だけにニクい演出だ……などというしょうもない感想を心の中で呟きながら、試食してはコメントを繰り返していた。

試食とコメントが終わり、取材の7割程度が終了した時に事件は起きた。まだ肉料理も7割以上残っていたが、インタビューを始めましょうということで、一旦インタビュー用の場所を作る流れとなった。その時である。気を使った取材陣が、「お肉そのままで、食べながら話して下さっていいですよ」と提案したのだ。肉ののった皿を前に、私も「そうですか……」と「食べながら話す」を試みようとしたが、肉をフォークで刺した瞬間に気づいた。「あ、これ私、出来ないヤツだ」と。

食べながら話す……私はこの組み合わせがかなり苦手だ。祖母の躾と学校での指導もあってか、「食べながら話す→お行儀が悪い」という方程式が出来上がっているのは仕方ないが、何より「ながら」で行うとどちらも集中できないのだ。話せば食べられず、食べれば話せない……すっかり忘れていた。スタッフと食事をしているときも、話はするが口数はかなり減る。それをインタビューという「たくさん話しながら」というのは無理に決まっていた。己の「ながら力」の無さをすっかり忘れていたことに落胆し、「まんべんなく食べたり話したりする聞き手のライター」を眺めながら、そっとフォークを置いた。

肉ののった皿を目の前に、手を膝に置き話す私を取材陣はどう思っただろうか。「美味いと言っていたのに食べなくなったなぁ……」と不審がられても仕方ない。しかしインタビューの仕事を疎かにすることは出来なかった。それ以来、取材やインタビューで「どうぞどうぞ」と何かを出されても、「すみません、後でゆっくり皆でいただきましょう」と飲み物だけ頂くようにしている。話しながらいただく飲み物でも、「果肉入りジュース」となると突如むせることもあったので気は抜けない。果肉入りジュースが仕事中の私にとって、「飲み物」ではなくなった瞬間だった。

学生時代は勉強しながらラジオや音楽を聞いていたし、雑誌を読みつつテレビをつけていてもテレビの内容はちゃんと入ってきた。ところが最近では原稿を書くのも、仕事で使う本を読むのも「〜しながら〜する」が出来なくなった。仕事で送ったり送られてくるメールを読むときも、ついていたテレビを消すほどだ。情報処理能力が低下していると周囲は言う。しかし、まだテレビを観ながら食事は出来るし、歯を磨きながら猫に食事も与えられる。仕事が関わっていなければ出来る「ながら」も多い。なので、この「ながらが出来ない現象」は仕事がらみの「書く、読む、問答する」に集中したほうがよいという無意識な判断に思えて仕方ない。仕事で食べながら話すことは出来ないが、仕事をして食べていかなければならないのだ。食べるためには、食べないを選ばせていただきたい。

lot#40 緊張という呪縛

遺体衛生保全士になるため、また、葬儀について学ぶため、冠婚葬祭の専門学校に通っていたことがある。今から8年ほど前の話だ。そこのクラス担任兼指導員の男性には、大変お世話になった。彼は葬儀学科の講師で、学内でも中堅よりの年齢であり立場だった。中肉中背、顔立ちは「島耕作」を思わせる（ように私は感じたが）。飄々とした雰囲気があるものの、鋭い視点と客観的な意見が「ああ、冷静な人だな」と思わせる。葬儀関係の仕事をしていなければ探偵の仕事も出来るだろう……と私は勝手に思っていた。豪邸で起きた殺人事件を華麗な推理で解決する、乱れた髪の探偵のような……。しかし、そんな彼にも悩み事があった。

「緊張や物怖じをしなさすぎて、可愛いげがないと思われているかもしれない」

彼は、我々生徒にこう漏らすのだった。当時、彼は新婚で、披露宴の際に数百人の客前でスピーチを任されたらしい。その際、ほとんど緊張することなく淡々と話しすぎたんじゃないかと気にしていたようだった。葬儀の司会や進行で「大勢の前に立つ」ことが日常だった彼にとっては、多くの新郎新婦が感じるプレッシャーをあまり感じなかったようだ。それを年長者が見たら、「初々しさがない」「完璧すぎて隙がない」と思われるのではないかという、彼なりの結論だった。無論、雑談中に出てきた話なので、深刻に悩んで夜も眠れない……という状況ではないことは分かっていたが、意外だった。緊張なんて邪魔な感情だとばかり思っていたので、緊張をしなさすぎて何か弊害が起きるなんて思ってもみなかったからだ。

人間なので緊張することは仕方ないし、職場や人間関係において馴れ合いになりすぎないよう礼儀やルールを重んじる「緊張感」を持つことは大切だ。しかし、私にとってそれ以外の「他者に気付かせてしまうような自分の緊張」は出来れば排除したいものだった。小学校で定期的に行われるスピーチ大会の最中でむせてしまい、周囲から笑われたり、声が震えたことで小さくなり、「聞こえませーん！」と大勢に指摘されたがっかりな思い出が強すぎるのだろうか。「緊張していたけど、よくやったよ」と評価される時もあったが、普段から愚鈍なのに、「いつも以上にでくのぼう」の姿を自分自身でも受け入れられなかった。そうやって更に焦る、更に緊張する、体が言うことを聞かない、そしてまた焦って……の連鎖だった。これ以上バカにされたくないという焦りが更なる緊張を呼び込んでしまうなんて、当時の私は知らなかったのだろう。

話は葬儀学校での一幕に戻るが、その時話していた男性講師とクラスメイトで最終的にこんな結論に至った。「失敗しても命とられるわけじゃないし、緊張が愛嬌だったりもするし、何より自分が思うほど他人は自分に無関心だよね」……だ。そういう話を大勢でしたことがなかった私にとって、この他愛ない雑談は忘れられない気持ちの「拠り所」となった。それ以来、随分緊張という呪縛から逃れられるようになったし、「緊張してるんですよ、参ったな」と言いながら、手のひらの汗を公衆の面前で晒《さら》すことも出来るくらい図太くなった。年をとっただけかもしれないが、緊張は付き合い方によってはかえってネタになることもあると知って、今はちょっと安心している。

誰だって正体の分からないものは恐い。私は昔、緊張の正体が分からず、知る手段も無かったから笑われたり指摘されたりすることに恐怖を感じていた。それが今は笑われて、嫌われて、やいのやいの言われる仕事をしている。人生どうなるかなんて分かったものではない。期待は皆からされるものではない。寄り添い、向き合える者たちにだけしてもらえばいいじゃないか。だから私はファンや周囲のスタッフ以外には、バカにされてもヘッチャラなのだ。

lot#41

こじれたファザコン

高校に進学したばかりの話だ。母と一緒に美容院に行った。母の知り合いが店長を務める美容院で、副店長は店長の細君、さらにアシスタントが2人ほどの小さな美容院だった。店長と呼ばれる男は美容師という職業柄なのか妙に若々しく、女子だらけの学園生活を送っていた私にとっては、「初めて出会う人種」に見えた。

当時、男と細君の間には小学校低学年の小さな娘が2人おり、男は娘たちの話を母や私によくしていた。お姫さまのように大事にしているが、娘たちは悲しいかな細君にべったりだという。こまっちゃくれた娘だが可愛く、一緒に遊ぶのが自分も楽しい……そう語る男を見て、「おてんば娘としっかり者だけどどこか艶っぽい細君の尻に敷かれて、まんざらでもない」という男が存在するのだと知った。驚いた。それだけ、当時の私は男と会い話を聞く機会が少なかったのだろう。

私の父は、私が中学校を卒業する年に単身赴任で家を出た。一番身近な「男」は父だったが、父は当時から一人娘の私にどこか遠慮している部分があり、遊びに行く時も水族館や映画など、「手持ちぶさたにならずに子供が対象物に没頭できる」ものをよく選んでいたような気がする。遊んでいる姿を見守るようなタイプだった。フリスビーやサイクリングなど、一緒にいそしむことも無いわけではなかったが、どうやったらフリスビーを上手く投げられるかや、サイクリングの時の交通ルールなどを私に真面目に教えるような父は、遊び相手ではなく、課外授業の延長を担当する頼もしい教師のように見えていた。

当然、そんな父に「パパやだ、ママがいい」と言う流れにはならない（万一、そんなことを言ったら、ショックで寝込むかもと本気で危惧していた）。現在自分が生きているなかで、時々理屈っぽくなるのは、父に似たとしか思えない。

課外授業は楽しかったが、やはり前述の店長のような「一緒に遊んでわざとでも負けてくれるパパ」というタイプの存在を知った時は、驚きと同時に羨ましさが込み上げた。お友達のようになれる瞬間があったら、父ももっと遠慮せず私と時間を過ごせたかもしれない。しかし、これはそれぞれの「親子のかたち」であって、無理して距離を縮めて定着するものではない。羨ましくもあったが、所詮は知らない世界に興味が湧いただけだった。

我が家の父も店長も、「方法は違えど子供を可愛がる親父」であることには変わらないという結論に至ったのを覚えている。

美容院にはしばらく通っていたが、私が成人した直後に店は移転をし、疎遠となって今に至る。最近跡地に行ったことがあるが、外観は残っていた。今は空き家となったそこから、店長と細君と元気なアシスタントが「いらっしゃい」と出てきそうで懐かしくなった。両人の娘たちももう大人になっただろう。いまだに「パパやだぁ」と可愛くむくれるような「こまっちゃくれ」でいてほしいものだ。

このように、私は男の父性に随分と執着……じゃなかった、思い入れがある。「ファザコンなんじゃないの」とよく言われるが、ファザコンという言葉の意味に「実の父に依存する」以外にも「恋人や配偶者に父の面影を強めに求める」という行為も含まれるのなら、私は間違いなくファザコンだ。

年齢にかかわらず、父性を強く持つ男はいる。独身で私とほぼ変わらぬ年なのに、頼り甲斐があり絵本を読むのがやたらと上手な男がいた。彼は幼少期、兄や父に可愛がられて育ったという。ああ、父のようだと安心する背景には、彼の家庭環境があったのかと感心した。よくマザコン男などと騒がれているが、女の多くもきっとファザコン要素を持っている。世間で騒がれないのは隠すのが上手いから。現に私のような「重症」もいるではないか。

lot#42

性根が悪い

「虚言癖があるよ。病院に行こう」

20代半ばの時に泣きながら男に言われたことがある。待ち合わせ時間に遅れたり、以前と違うことを言ってしまったことが重なり、神経質な男のご機嫌を大きく損ねた瞬間があったようだ。入ったラブホテルで裸で泣かれたような記憶がある。

「あんただって日頃会っていた女子大生に送るはずだった『今から行くね』メールを、間違えて私に送ってきたことがあるじゃないか」……と反論してやろうかと思ったが、事態の悪化を恐れてそれも言えなかった。この男の不機嫌と理責めには敵わない。心を閉ざして謝罪に限る……2年ほどの付き合いでそう学習していたからだ。

「分かった。一緒に病院行ってくれますか。治療費無いから貸してください。私のせいでごめんなさい」と言って、その場をおさめた。場がおさまり冷静になったのか、治療費も通院も、結局面倒だと判断した男は、その後病院の話をしなくなった。自分が滅茶苦茶言っていることを自覚すると、話題を引っ込める奴だ……これもその時学んだことだった。あの時、例の女子大生の件を出したら男はますます激昂していたかもしれない。

確かに私はおっちょこちょいでルーズだ。男との交際中にアルバイトや仲のいい異性の存在など、内緒にしていたこともある。メールを見られて全てが変わり、関係性もイーブンではなくなった。自業自得だったので我慢して謝罪と従順さを男に捧げていた最中だった。そんな背景もあって立場が弱かったもので、男発信の言いがかりで話が長くなることを恐れていた。当時は、まだその男を好きでなんとか仲直りをしたいと思っていたのだ。しかし、私は自分が思うほど無垢でひたむきな性分ではなかったようで、いつまでたっても直らない男の不機嫌に「謝罪飽き」してしまい、男の前から姿を消した。男には借金も借り物も無かったし、疲れちゃったなぁという理由だった。自分にこんなに最低な部分があったのかと自己嫌悪に陥ったが、すぐに気持ちが切り替わった。「図太いな、私。次の男とは自分の性根の悪さを隠してうまくやろうっと。それが礼儀でしょ」と。携帯のロックを新たに設定し、次の出会いに期待をした。

このように、ひょんなことから自分の底知れぬ「自己防衛力」や「立ち直り力」の力は発見できる。それまで自分はそこそこ真面目でひたむきで、要領は悪いが優しい人間だと思うことが多かった。しかし恋愛に関しては、自分が困ると、ある日突然、自己中心的になれる薄情な女だった。泣いて謝ってまで関係を修復したいと思っていた相手だったが、それも「気のせいだった」で片付けた。いつまでも許してくれないことに怒りまで覚えていたのだから、恐ろしい。

こんな性分は直りそうもないが、見せないようにはできる。その後は改心……するわけではなかったが、人とは一歩引いた付き合いを心がけるようになり、孤独もいいじゃないと思うようになっていった。自分なりの「面倒なことにとらわれず、自活してゆく」ルールを作ったのだろう。ホントか嘘か「傷つけられるから恋愛はイヤ」という者はいる。さらにこの世には「傷つけて揉めるのが恐いから、恋愛は簡単にはできないね」という女もいるのを知っておいてほしい。自分は悪女と気取っているわけではない。ただの自己中だから生きていてごめんなさい、というお知らせとして耳に入れてほしい。

若い時に「人を大事にできない自分の一面」を重く受け止めたから、今の自分がある。壇蜜として働くときはひたすら献身と博愛に徹する……そんな宿命を受け、随分と楽になった。芸名を持ち、プライバシーをある程度放棄し、現世から一歩引いた姿勢でものを見て接することが可能になったからだ。

自分の「どーしようもない」部分は、派手に失敗し、揉めて傷つけ合わないと見えてこない。だから、若い頃のミットモナイは財産なのかもしれない。

lot#43

ジンクスを抱えて

先日、祖母が東京に来た。普段は秋田で暮らし、東京の病院で検査を受け、私か母か叔母の家で過ごす……数年前から確立された「彼女の日常」だ。

祖母はいったん東京に来ると半月ほどは滞在するのだが、今回はなにやら秋田で知人と約束をしたらしく、1週間ほどの短い滞在となった。短くても長くても祖母がいいというなら私は一向に構わないのだが、母は「○日に帰るよ」と言う祖母の滞在日数を数え、急に不安になったという。「かあ（「お母さん」の意味）、それじゃあ七日《なぬか》帰りだ」と祖母に訴え、帰る日にちを1日遅らせた。私もこの話を聞き、気づいてよかったと思った。私も学校行事の外泊で七日帰りとなった際、叔母の家に泊めてもらい、翌日帰宅したことがある。

このように、神様神様と日常的には言わない、ごく平均的な「たしなみ程度の信仰心」を持つ我が家族の間で、意外にもまことしやかに信仰されている「本気めのジンクス」……それが「七日帰り」だ。

七日帰りの存在を知らない方々も多いだろう。諸説あるが、私が習った考えをここに記すと……仏教伝来の「初七日」を連想させるので、亡霊が生きた人間をさらっていく（つまり死んでしまう）のではないかと恐れられ避けるようになった……というものだ。母方の家族がこれを信仰するのには訳があった。当時、母がまだ学生の頃、七日帰りをしても気にしないねという態度をとった親戚や親しい近隣の者が数ヵ月後亡くなるという、気味の悪い現象が続いたらしい。無論、七日帰りが原因かどうかは定かではないが、急な不幸が重なったことに、ショックと得体の知れない恐怖を感じたのだろう。「七日帰りを無下にしてはいけない」……その結果が今に至るようだ。

近年、簡易的ではあるが「七日帰りをしながらも理屈の上では避けている方法」も編み出されているようで、随分と心にかかるプレッシャーは軽減されたようだ。その昔、「七日帰りだけど他所に泊まる都合がつかない」という事態が私に生じたとき、母は近所まで私を迎えに来た。手には私の「実家に置いてあった靴」が。「これにはきかえて」と言われたので「行きとは違う靴」で玄関に入った。これでいいという。違う靴をはいて帰ったからといって不幸が防げるのかと思ったが、今も私は図々しく生き残っている。亡霊も人を選ぶのかもしれない。

「本気めのジンクス」はこの七日帰り以外にほとんど知らないので、ジンクスの存在を信じきっているかと聞かれたら、「はい」とは言いきれない。しかし、私は「ジンクス？　は？　何いってんの？」という者よりかは、「気味が悪い」「できれば避けたい」と思う沸点は低いような気がする。

独り暮らしの家にぬいぐるみを目一杯置くことは何となく己の感受性が高まり過ぎそうだし、お守りはプレゼントでもらうと神様の居場所を作れず申し訳なく感じる。家のなかに厄年を護る札をすでに貼っているので、神様同士の鉢合わせに敏感なのだ。これを他者に話しても、大概「くっだらない」と言われないまでにしてもどうでもよく思われるので言わないが、周囲の「くっだらない」に怒りを覚えても仕方ないし、下らないと言われても最低限の「嫌ではない」環境に身を置きたいのも正直なところだ。

ここで、私が勝手に編み出した「嫌ではない暮らしをしながら、ジンクスめいたものに傾倒していないですよと伝える方法」をお教えする。単純なことなのだが、現実味を帯びた理由を付けるに限る。手鏡を上向きにしたくない……でも、それは悪霊がどうとか無下にしたら不幸が来た者がいるとか説明しても相手に引かれるだけ。「自分の好きでもない顔がうっかり映りこんだらへこむ」「鏡についたホコリってとれにくいしね」と信憑性と軽めの冗談で正当化するのが一番だ。信じるものを揶揄する権利は誰にもないが、信じるものを押し付ける権利も誰にもない。

曲げられないこと

lot#44

曲げられない性分は生きにくい。そんなことは分かっているが、自我やメンツが邪魔をして、つい「よせばいいのに」しんどい、面倒くさいと分かっているほうを選択することもある。よく言えばひたむき、悪く言えば頑固者と世間は判断する。ゴーイングマイウェイなんて表現もあった。曲げられないで行っていたことがよほどの偉業でない限りは、「あの人、ホント頑固だよね、我が強くて困る」と陰口を叩かれることが悲しいかな多い気がする。曲げられないもの、譲れないものは、人それぞれに「曲げも譲りもできなくなった理由」がある。昔の体験やその時感じたものが、大きくその後の人生に影響している場合が多い。「こだわりが強くなる」のもやはり経験から来るようだ。

私も「どんなにお腹が空いていてもこれだけは購入しない」と決めている食品がある。今、手広く商売をしているある業者で作る弁当や惣菜だ。その店に罪はなく、10年ほど前は時々お世話になっていた。しかし数年前、仕事中にタクシーに乗り、当時仕事補助のため側にいた男に「食事をしたいのですが」と話しかけると、めんどくさそうな態度を隠しもせず、この弁当屋の前に車を止め、「俺は金ないから（だから自分で金だして買って）」と言い放たれた思い出が邪魔をするからだ。私が体調を崩しても、「仕事場まだ開かないみたいだから、カフェで避難でもって思ったけど、俺は金ないから。公園近くにあるからベンチに座っておけば？」と、2月の極寒の六本木でそんなことを言う男だった。私は具合も悪いし寒いしで困りはて、おごるからカフェに行きましょうと言っても、「俺は今そういうんじゃないから」と訳の分からないことを言う。結局、ベンチで横になった。

仕事で世話になったがもう男の顔は見たくないし、その弁当屋にも公園にも近づきたくない。はたからみれば大したことない経験も、自分からするとやはり嫌なのだ。しかし、この手の忌まわしき思い出は浄化もまたたやすい。今はまだその男の顔も覚えているので嫌悪の連鎖が断ちきれないが、そのうち男の顔も忘れどうでもよくなり、いずれ弁当屋へも公園へも行けるだろうと信じている。そもそもその店は価格も安く営業時間も長い。ホッケとメンチも旨い。

上記はまだ成仏に時間がかかるかもしれない話だが、自分のなかで少しずつ妥協していけるものもあるのではないかと、最近思うようになった。そうでないと、ただの意固地な者になってしまう。タレントで、とうのたった独身女が譲れないものだらけなど……限界がある。独りで生きていく運びとなっても看取る者くらいいてほしい。それには早くから面倒な性分を幽閉しないとなと考えた。

「ももひきみたいでみっともない。イロケないでしょ」と思っていたレギンスを、「引き締まって見えるしあったかそうだ。そもそも私生活にイロケいらないじゃないか」と自己解決して足を通した。他者からの嫌みや不機嫌そうな態度に対しても、今まで散々楯突いてきたのに、逆に言いくるめられて悔しい思いをしていたので、最近はひたすら謝って距離を置くようにしている。そもそも腹立たしいと思った後、向き合ってやろうと好戦的に勇む精神力も話力もなかったようだ。相手と揉めても理責めで負けて自分の心が疲れて悲しくなるなら、「揉めない、関わらない」と引いた目と態度をとるほうがマシだ。いわゆる「論破」された自分を惨めだと思うようになったからかもしれない。

流されやすい人と思われても、スタートが我の強い人間だったので、そう言われるくらいがちょうどいい。レギンスの暖かさと口喧嘩の才能のなさに気づいて改心を始めた。時々謝りながら、「畜生。苦しんで滅びればいいのに」と思うくらいなら無害であろう。性根の悪さはなかなか改心できない。

落ち着かない

lot#45

10代半ばの頃、今でも覚えている「感情」がある。

電車に乗っていた時のことだった。季節は寒くなりかけた11月、私は一人で電車に乗っていた。お稽古ごとの帰り道で、時間は夕方だった。「明日は休みだし、帰ったら漫画でも読もうかな」と娯楽に興じる予定も立て、リラックスした気持ちでいた。乗車してから10分ほどが経ち、停車駅のパネルを眺めながら「急行だし、あと1駅で着くな」と心の中で確認していたら、次の停車駅でどっと人が入ってきた。それまでも座るところは全部座られているような状況で、私は手すりに掴まり、ドア付近に立っていた。停車駅は繁華街に近い駅なので込み合うことは予想していたが、急な乗客の押し寄せ具合が心の隙間に引っ掛かってしまったのか、私はへなへなとその場に膝から崩れ落ちてしまった。慌てて立ち上がろうとするが、動悸と息切れがひどく立ち上がれない。汗も滝のように背中を濡らして気持ちが悪い。「このままここで死んでしまうのではないか」とすら思った。

側にいた女性が「大丈夫ですか?」と声をかけてきてくれたのは覚えているが、何と返答したかまでは覚えていない。電車は3分ほどして降りるべき駅に停車した。私は力を振り絞り、よろよろ歩きながら何とかホームに降り立った。ホームのベンチにしばらく座って深呼吸をすると、大分症状はおさまったが、一体自分の身に何が起きたのか分からない怖さが心を占拠していた。満員電車も乗りなれている、繁華街近くの駅は乗客が多い、リラックスはしていた……それなのに感じたのは、正常な判断とは縁遠い「死んじゃうかもしれない」という、謎の「強い危機感と恐怖」だった。まだ「パニック」という言葉がそれほど詳しく理解できない年頃で、「あの時、電車で感じたのはパニックという気持ちだったのね」と腑に落ちるのは少し時間が経ってからの話となる。フラフラで帰宅した私を母は心配していたが、自分でも状況を把握できずに怖くなって、「電車に酔った」とだけ伝えた。それ以上説明ができなかったのもある。

それ以来、著しいパニック状態に陥ることはないが、「落ち着かない」状況を察知する時はしばしばある。自分にとって落ち着かない……何ともワガママな話だが、ある環境に身をおき、「何だか休まらない」と思うことは誰しもあると想像する。その原因は何かと考えると、大きく3つに分かれるような気がする。3つのパターン、それは「環境に落ち着かない」「人に落ち着かない」「その他」だ。環境は暑い寒いや、騒がしい、狭い暗い、匂いが異様なんていうのも挙げられる。「人」は見知らぬ人や苦手な人、不可解な挙動の者などが近くにいた場合。「その他」は環境でも人でもない場合、つまりは「あの世の存在や気配にちょっと触れている状況」だ。ごく稀にだが「ここは嫌だ」とそれ以上理由を語らず、しかし深刻そうに訴える者を見る。まさにその者の落ち着かない原因は「その他」ということになる。

私はその他が理由になることはほぼ無いが、「嫌な匂い」と「騒がしさ」が落ち着かない環境要因のツートップだと予想する。個人的な意見だが、「己の力ではなかなか変えにくい状況」が「くさい」と「うるさい」だと思う。風呂に入らぬ者が同席、イヤホンの音漏れがどこからともなく聞こえてくる……等々、どうしろと言うのだという環境は落ち着かない。そんなとき私は、せめて自分の呼吸は平穏に保ちたいと願い、タオルを顔にあて「無」を呼び込む。私がいつも大きめのタオルを持って出勤や外出をするのは、こんな理由からだ。

lot#46 決めつけられて

「本が好きなんだから本の番組の仕事してるんでしょう？　本の魅力を語ってくださ い、さあ早く」と投げかけられた。しかし、生きていて「本が好きだ！」と思い、情熱的に本と向き合ったことなどない。本があること、本を読むことがこれまでの日常に組み込まれており、今も昔も漫画や小説には多少無理してもお金をかけることは当たり前だと考えている。贅沢な環境にいたようだ。それなので「本が好き！」と前面に押し出すような意見は、まるで言えなかった。質問した者は拍子抜けしたようだった。私が熱く声高に、「本ってすばらしい！」という調子で本の魅力や番組への意気込みを語る想定だったのだろう。申し訳ないことをしたとは思う。

しかし、「好き」を仕事にしたとき、その者の口から出てくる「仕事の魅力」は本当に体温の高いことばかりだろうか。好きなことを仕事にして、好きなところだけを見ていられるほど、「食べていく」というのはぬるいはずがない。大変な思いもするし、逃げ出したくなることもあるけど、総合的に見て好きが「少し」勝っているという落ち着いた状態……それが「好きを仕事にした者のその後の姿」だろうと私は思うのだが。

そんなわけで質問に対しては「仕事で読む本ですから、集中したいので変に『本を好きになろう』という前のめりな感情で向き合わないようにしています。視聴者ありきですから。視聴の邪魔にならないよう、しかし番組は進行するように粛々と読みすすめ、臨んでいますね。本を閉じて一人になったときに、本から得た情報や情景を反芻するのは好きです」と答えておいた。「はぁ……」と力なく反応されて、笑いそうになったことを覚えている。

「本好き」に関する質問の他にも、「もてたいから、グラビアの仕事しているんでしょう?」「葬儀の仕事していたから、霊感があるでしょう?」……このような「〜だから、〜でしょう?」という言葉をかけられるたびに500円ほどもらえるような決まりがあったとしたら、今ごろ結構な額になっているだろう。豪華な国内旅行くらいは出来るかもしれない。

自分も他人もそうだが、決めつけていないと人は不安になる生き物のようだ。それだけ相手のことを掌握していたいという欲求も現れているのかもしれない。思えばテレビや雑誌、ネットなどの情報でも「タバコの銘柄をしょっちゅうかえるから浮気性だ」「荷物が多いから片付けができない奴だ」等、観察、推測、断定の流れは次々と生まれる。遡れば血液型や星座、更に遡れば十二支や生年月日診断など、昔から「〜は〜」と頭から決めつけていかないと不安で自分を保てなかったのだろう。

私が学生だった頃はそんな決めつけ風潮は真っ只中だった。動物占い、山手線占い、戦国武将占い……生年月日を足していき12か13個あるタイプに分類、相性の良し悪しまで判断されていた時代……30代半ばの方々なら、「あ〜、あったあった」と懐かしんでくれるだろうか。ちなみにそんな我々に追い討ちをかけるような勢いで生まれ、すぐに衰退したものがある。「13星座説」だ。「〜座だから、〜だもん」という若い娘たちのアイデンティティーに、「今まで信じてきた星座が変わる」という荒々しい引っ掻き傷を残していった様子は衝撃だった。

蛇使い座だった私は思う。決めつけられて心がカサついたときは、「〜だったから、私は〜だとばかり思っていた。でもそういう傾向も、あるかも」と軽めの決めつけで返してみると、言ってきた方との関係にヒビが入りにくいのではないかと。「あるかも」の緩和力は想像以上、カサつきに効く。ああ、これもまた「決めつけ」だ。

lot#47 意地悪と向き合う

「友達じゃん」と言われてゲームソフトを貸したら、「くれるって言ったじゃん」と言われて、そのまま返されなかったことがある。小学生の頃の話だ。数日後、母がソフトがないことに気付き、その「友達」の家に連絡してソフトが返された。謝罪もなく、机のなかに入っていた。ソフトを鞄にしまう私を「友達」が仲間とヒソヒソ話しながら笑っている姿をぼんやり眺め、ふと思った。「馬か牛でもこんな仕打ちは受けない」と。

「今日は会えそう」と男から連絡が入ってその日は開けておいたら、「今日わかんないかも」という謎のメールが夜に届き、そのまま音信不通となり、結局、男は来なかったことがある。30になる前の話だ。明け方までテレビをつけ、通信販売の番組を観ながら空が明るくなっていくのに気づいて、やっと理解した。「とことんどうでもいい存在として扱われている」と。

こんな事態は生きていれば遭遇することもある。悲観などしていないが、何より恥ずかしいと思うのは、「そういう者に翻弄されているのに、そういう者にも良心はあるはずだ」と妙な期待を常にしてしまうところだ。「ソフトの友達」も「わかんない男」も、私にはこの先ずっと良心を見せることはない。彼らにとって私は、「良心を見せなくても大丈夫な人間以下の何か」なのだ。人間以下に良心を見せても得しない。そう考える者に対して距離を置かないと自分が参ってしまうことに気づくまで随分時間がかかっているのは、エピソードから見てもお分かりだろう。このような性分を「まぬけ」というのだが、面接時や履歴書などには、「お人好しなところがあり振り回されてしまう」とお茶目な短所にすげかえて職を得たことがある。一応、セルフロンダリングは成功したようだった。

良心を見せない意地悪者に使う時間を省きたい。そんな三十路の中年女がタレントになった。数年働き考えた結果、「人脈作る前に仕事する」に落ち着いた。人脈を作って仕事に繋げることは「一人っ子、世間知らず、愚鈍」の私には向いていないと放棄することにした。「真面目な者がばかを見る」という言葉は所詮言葉で、ばかを見てから考えようと仕事に向き合うと随分落ち着いた。孤独でいい、孤独も仕事のうち、と「社交シャットダウン」を決め込んでいる。現在もそんな傾向がある。昔、意地悪者を信じる余力があったくらいだ。真面目がアダになった……そんな状況がやってくるまで生きていくことはきっと簡単だ。

しかしここで思う。「良心を見せない意地悪者」には、誰でもなれる可能性がある。「ああ、近づきたくないな」「関わりたくないな」と思う相手をぞんざいに扱い、面倒な者のように見てしまうことは、自分だって今まで皆無ではなかった。その後、距離を置いて触れないか、面白がってつついてみるかに分かれるわけだが、無論後者は意地悪者だ。しかし、「あの人やだな」の感情は多くの人々が持っていることに気づかなければ、イジメや差別を防止できないなと常に思う。やだな、の先に「じゃあ傷つけちゃえ」「痛め付けちゃえ」の気持ちを繋げないのがいじめの防止法のひとつなのかもしれない。

比べ比べられて社会は成り立っている。比べたことで良い目にあったり、比べられたことで涙を飲んだこともある。天秤にかけられることは気持ちよくはないが、天秤にかけられたときに「自分も天秤にかけたことがあったじゃないか」と思い出すことができたら、少しは落ち着くかもしれない。腹は立ったままだろうが。

誰しもが持っているであろう物指しや天秤。それをそれ以上の武器としてトランスフォームさせないよう注意したい。

すさみきった心

lot#48

少女漫画を読むのが苦手だった時期がある。

「中学生で独り暮らしって何でだよ」

「町中でからまれているところを助けてくれる変わり者を見たことない」

「自分を変えたくてアイドルになって世に出るとか、そんな確変（確率変動）ありえない」

……など、漫画で起きている「都合の良い展開」を「おもしろみ」ではなく「やっかみ」として文句つけていないと、自分が生きていることに折り合いがつけられなかった。20代の始まりから半ばまでの数年間は、そんなすさんだ理由で少女漫画の羨ましすぎるエピソードに舌打ちをしながら自分の正気を保っていた。

何でも人のせいにするほど余裕がなかったのには理由があった。自分がいかに出来の悪い者かを就職活動中やアルバイト中に思い知り、向き合えず、「怒り」だけを持って逃げ、実家に頼るように閉じこもったという背景があるからだ。今になって「壇蜜さんに人生相談したい」「壇蜜はいろいろ経験しているから」などと持ち上げられるが、ただの逃げ虫だったと伝え、そんな大層な器ではないことを伝えてから、依頼を受けるなりお断りするなりしている。今も成仏させるのに手こずっているほど、15～10年前の私は救いようのないすさんだ女だった。今も結構すさんでいるが。

そんな若人時代は、29歳あたりから変化する。大学病院での業務やバニーガールのアルバイト、新人グラビアタレントとしての仕事等、これらを切り盛りしながら生活し、「金稼いで暮らしていかなきゃ」という責務が芽生え、少しやる気が出てきたのかもしれない。「金なんて……稼ぐ才能ないし、どうせ私に投資する奴いないし」といじけていた時代から、「金は働けばある程度ついてくるものなのかな」と模索するようになった。学歴や頭の良さでは相手にされないなら、相手にされる土俵をさがすべきだとようやく前を見られるようになった。それがたとえ水商売でもきわどいグラビアでも、今しか出来ないことを重ねて資金を貯めて、次行く世界を考えようとしていた。見切りをつけるときは潔く……なんて思いながら、いまだに見切りをつけていないのはお許し願いたい。

誰からも見向きもされず一人ぼっちの状態で見切りをつけると思っていたが、予想外にファンが出来たこと、支えてくれる世界が出来たことで、自分だけの人生ではないと確信できた。見切りをつけられなくなるほどに嬉しい誤算だったのだ。今なら少女漫画も「異世界の話」として心穏やかに受け入れられる。ゲンキンきわまりない。

こんな私を「やめるやめる詐欺だ、引退しろ」となじる者もいる。しかし、予想外のことが起きて進路を変えることは人間にも獣にも、飛行機にだってある。「詐欺」の声に対しては、「ごめんなさい、抱き締めてあげようか?」と返すだけにしている。そのあたりは図太く、反骨精神が発達しているのは、昔の自分が培ってきた「すさみ部分」をまだ成仏させられていないからなのかもしれない。成仏させずに飼い慣らすことで、気持ちの処理が上手くいくなら、すさみ心を隠し子のごとく持っているのも悪くない。

主演した映画の原作小説にこんな一節があった。「100人の女がいて、97人に相手にされなかったとする。でも、残りの3人が私（男）といてもいいと言ってくれたら、私はその3人の世界の王様になれる」……原文のままではないが、この言葉に触れて随分視界のくもりが取れたような気がする。

土俵を変えて特殊な世界の王様になる生き方から、次の一手を見据える生き方の見本となったのだろう。評価されないと生きる意味が見いだせない弱い心を自覚したからこそ、人が恥ずかしがることも出来ているのかもしれない。パンツ投げとか、袋とじとか。

何でもとっておく

lot#49

とあるアニメ映画のなかで、「女の子は何でもとっておくの」と言いながら大きい蔵でコレクションを続ける少女を見て、「とっておける場所があるもん、あなたには」とつぶやいてしまったことがある。可愛くない子供だったのだ。少女はその後、家の決まりを破ったとかで、罰としてコレクションを父親の手により蔵ごと爆破されてしまう。粉々になった蔵の前でおいおい泣く少女を見て、さすがに「かわいそうに。お父さんひどいことする」とは思ったが……。

何の話かお気づきだろうか。映画『リトル・マーメイド』のワンシーンだ。良家の子女というのも何かと大変だ。それにしても人魚姫の家には王である父の下に7人の姫がいるという。執事はカニで親友はタイという選抜理由は何だったのだろう。縁起の良さからだろうか。7人娘なら次期国王は次期女王ということだろうか。婿はどこからくるのか、もしや海底にもいくつかの国があるのか……海底の王国という設定は神秘的すぎて、正規のストーリー以外の妄想が可能で嬉しい。

「女の子は何でもとっておくの（場所があれば）」……30歳を過ぎて今さら己を「女の子」と自称するほど見境をなくしてはいないが、「大人女子」という便利な言葉もできたことだし、ここであえて使ってみたいと思う。「女の子も大人女子も、みんな何でもではないけど『とっておくの』というのが正解ではないだろうか。何でもかんでも「いつか使う」と「とっておく」ことで部屋を混沌とさせる者もいれば、写真を「とっておく」ことで思い出や記念にする者、チケットや権利を「とっておく」ことで他者に転売し、金儲けを目論む者……大人になれば様々な「とっておく」が発生する。

私も大人女子の端くれとして「とっておく」をする。他者から食らった悪態や嫌悪の言葉を紡いで加工し、自分の視点も加えダラダラとした文章を作り、小金をもらっている。これも立派な「とっておくの」の一例だ。パクり行為かどうかは別として。

シールを集める、人形を集めるといった物理的なコレクションを「趣味」として確立する男性とは違う、より日常に組み込まれ、時には金銭も生む自己満足……それが「女の子と大人女子の『とっておく』」なのかもしれない。思えば、あの人魚姫も水中で拾った「人間が使っていたであろう」ものを蔵に飾っていた。元手があまりかかっていないのも、男性のコレクションと違う点だ。

私の集めているものも、「暮らしのなかで再利用したいから」が理由なので元手はほぼかからない。貧乏臭いといわれても、再利用できるものをわざわざ見過ごして、あれがないこれがないと量販店に駆け込むほうがみっともない。裏が白いチラシは、語学の練習帳として使う。記憶をしたものを雑多に書き込み、練習する場所にふさわしい。通信販売や菓子折りに入っている「クッション代わりの紙」は水分を良く吸いとるので、ゴミ袋の下に敷けば袋が破けにくくなる。両面印刷のチラシもここで使う。コンビニでもらうビニール袋は綺麗にたたんでポーチに入れる。メイク中や休憩中など、ちょっとしたゴミの出る状況が生じたらゴミ箱を探しに行くより効率的なのはポーチ内のビニールを使うことだ。まずはまとまる。これらを他のもので代用するとなると、どこで何を買ったらいいのだろうか。100円ショップに行くくらいしか思いつかない。そもそも裏紙は売っていないだろう。私のような「消費者のおかげで生活が成り立っている」者が行う再利用は善意の再利用でもあると考えている。

最近はチラシの裏を白くしたまま新聞に折り込む業者も少なくなった。時代だろうか。

自分を保つ術

lot#50

私の母方の祖父は、40歳で亡くなった。糖尿病が悪化し、助からなかったという。私は２０１６年には年女、満36歳になる。祖父が36歳の頃にはすでに病魔が体を少しずつ蝕みはじめ、家族も心配していた。30代半ばになって祖父のことをよく考えるようになった。祖父の死んだ年を越えるまであとわずかだが、私はまだまだ子供で、独り身で、「大人になる」ことがよく分からないので、死んだ祖父のことを思って立ち止まっているのかもしれない。

ちなみに母が36歳の頃、私は小学校高学年。学校に馴染めない日々が続いている真っ最中だったが、彼女もまた仕事が忙しく、心身ともにぐったりしていたのではないだろうか。よく就寝前まで書類を書いている母を見ていた。母も私も、笑っている時間は一番少ない時だったと思う。それを見ていた父や祖母や叔母もまたしんどそうだった。楽しいこともたまにはあったかもしれないが、記憶が薄い。

今となっては「そんなこともあったね」と言っていられるが、ふとした時に「わりを喰っていた子供時代、就職できなかった時代」の負け分を何とかして清算したくなる。良い車を買って？　金持ちの男を捕まえて結婚して？　そもそも何をもって清算とするのか……無理だと分かっていても、考えてしまう。とても愚かだ。しかし愚かを自覚できたから性根の悪さを飼い慣らす努力ができた。「どうして死なないの？」とからかってきたクラスの金持ち女、名前を見ただけで笑った面接官、ブスだから握手したくないと笑って言った若い男の顔は絶対に忘れないのが私の醜さでもあり、自分を保つ術でもある。タレントとして何とかやっていけているのも醜さ、愚かさ、陰険さと連れ添っているからだろう。忌々しい負の思い出を呼び覚ましながら、その愚かさに笑う私の今の暮らしは有意義なのかもしれない。身内は眉をひそめるかもしれないが。

こうして、日々図太く生きていると、今までこだわっていたり深追いしていたものが急にどうでもよくなってくる。男性をひきつけないからと敬遠していたレギンスは以前触れた通り、今では大事な防寒具として我が家にいる。若くて可愛くないと……と女を選ぶ男にも、昔のように「悪かったねぇ」とつっかからず「そうですよね」とえびす顔で同意もしている。挨拶を無視する者に対しても深追いして注意を引こうとはせず、「そんな態度は損なのにね。疲れるでしょう」と思い、やりすごす。

こだわること、深追いすることもそうだが、不機嫌でいること、怒っていることは本当に疲れる。疲れていると様々なことに慢心が生まれ、大事なものを奪われる時もある。「あんなこと言われて（されて）怒らないんですか？」と聞かれたこともあったが、「怒ったり荒げたりする才能ないんです。それに怒ってもお金発生しないんですもの」と答えた。いじけて無視して振りかえったら一人という経験をしておいて、よかったと思う。才能がないと分かれば、今後「ムッ」としても何とか踏みとどまれるだろうか。

子供だな、と言われたり思われたりする大きな要因は、「面白くないことがあったときの対処の仕方が他者にとって都合がいいものか悪いものか」にある。他者にとばっちりや不快感を抱かせる対処をしたら「子供だなぁ」。その後の業務や予定が狂わないような気もする。トンボを捕まえて「可愛いでしょ」と見せても、「もう、子供みたいなんだから」と「無邪気な人扱い」で終わる。虫嫌いは例外だが。

対処なら「大人だなぁ」。それ以外には、大人子供言われても評価は下がらない

あとがき

「日常って、困ったことだらけですよね。それでもみんな何とか毎日過ごしてるんですよね。それって、不思議……」

執筆を依頼され、「じゃあどんなものを書きましょうか」と編集者とはじめての打ち合わせをしている際に出てきた言葉だった。打ち合わせが始まってから20分ほど経過していたと思う。ここから生まれたのが「どうしよう」だった。2015年の2月から書きはじめ、月に5話ずつ書いて月末に編集者に渡す。それを繰り返して年末に完成した。この年は余暇のほとんどを「どうしよう」に使っていたような気がする。

年初に引いたおみくじは「末吉」だった。細かい内容は覚えていないが、とにかく「働け、怠けるな」という忠告をされていたのは覚えている。怠けず働くことが大切なんて当たり前だと思っていたが、あえて意識していると、これが結構難しい。締め切りのある仕事は早めに終わらせ、予測できない事態に備えるようにするのは思いの外、集中力と勤勉さが必要だった。いつもだったら「今日の分はおしまい」と区切りをつけていたことも「うーん、今のうち終わらせておこっかな」と、他にも出来ることを探さねば……という気持ちになる。たかがおみくじの結果だったが、「当たり前でしょ」と感じていたこともちゃんと向き合おうとすると「こんなに難しいのか……」と自分の力不足に驚き、慢心を反省した。末吉から得たものは大きい。

生きていること、朝が来て夜が来ること、困っても何とか過ごせていること……これらも当たり前のことだと思っていたが、どうも違うようだ。「意識しないことが」当たり前なだけだったのだ。その証拠に、当たり前の日常の中に潜む「どうしよう、困った」を私なりに掘り下げると本になるくらいの「何か」がわき出てきているではないか。

当たり前を掘り下げて出会った言葉たちはさぞや湿っぽくて苦かっただろうに。ここまで読み進めたなら、何か甘いものでも食べるがいい。

ありがとう。

壇蜜

壇蜜（だん・みつ）
一九八〇年秋田県生まれ、東京育ち。昭和女子大卒業後、調理師免許を取得。その後、さまざまな職種を経験し、二〇一〇年、二九歳の時にグラビアアイドルとしてデビュー。独特の存在感でメディアを賑わせ、二〇一三年には映画『甘い鞭』で日本アカデミー賞新人賞を受賞。新聞・雑誌などで幅広い執筆活動も。著書に『はじしらず』『壇蜜日記』などがある。本名・齋藤支靜加

どうしよう

二〇一六年二月一八日　第一刷発行

著者　壇蜜
発行者　石﨑孟
発行所　株式会社マガジンハウス
〒一〇四－八〇〇三　東京都中央区銀座三－一三－一〇
書籍編集部☎〇三（三五四五）七〇三〇
受注センター☎〇四九（二七五）一八一一
印刷・製本所　株式会社リーブルテック

 ISBN978-4-8387-2832-9 C0095

マガジンハウスのホームページ http://magazineworld.jp/